Advanced English Grammar

영문법특강

續 고급 영문법 해설

문용 저

박영사

머리말

이 「영문법특강」은 전작인 「고급영문법해설 」(2017)의 속편으로 쓰여졌다. 그래서 전작과의 중복을 가급적 피했고, 그 대신 전작에서 자세히 다루어지지 않았거나 논급이 되지 않았던 부분을 좀 더 소상하게 보완했고 좀 더 깊이 살폈다. 그렇지만 전작을 읽지 않고도 지장 없이 접할 수 있을 만큼의 독립성을 유지했다. 이 책은 17장으로 구성되어 있는데, 각 장이 서로 독립된 내용을 기술하고 있어, 순서에 관계없이 독자 여러분의 관심을 끄는 부분부터 읽어도 좋다.

전작인 「고급영문법해설」도 그렇지만, 이 책 역시 격이 높은 영어의 활용 능력을 높이기 위해서 영문법의 지식을 심화하고자 하는 이들을 대상으로 쓰여졌다. 그런 목적에 덧붙여 이 「영문법특강」은 독자로 하여금 영어의 문법 구조를 스스로 생각해 보도록 유도하려는 의도도 갖는다.

이 책의 권말에 나오는 참고문헌은 필자가 이 책을 쓰는 데 참고하고 인용했던 것들을 추린 것이며, 각 장의 끝부분에 나오는 (참조)는 그 장에 나오는 내용과 특히 관련이 깊은 참고문헌을 명시하려는 데 목적이 있다. 참고문헌 가운데서 필자에게 특히 도움이 컸고 필자가 많은 예문을 인용한 것은 Quirk *et al.*의 *A Comprehensive Grammar of the English Language*(1985)이다. 이 지면을 통해서나마 이 저자분들에게 심심한 사의와 경의를 표하고 싶다.

출판에 앞서 이 책의 교정본을 아주 꼼꼼하게 검토하고 미비한 점을 지적해주신 정영국 교수와 남조우 선생께도 깊은 감사를 드린다. 이 두 분의 노고가 없었더라면 이 책이 현재의 모습으로 출판되지는 못했을 것이다. 이와 같이 아담한 책을 만들어 내는 데 애를 써주신 편집부의 전채린 과장께도 깊은 감사를 드립니다.

2019년 9월
저자

차례

Exercises ·· 94

Chapter 9
상승변형(Raising)
9.1 상승(上昇)변형과 그 유형 ·································· 95
9.2 상승변형이 가능한 동사와 형용사 ·················· 96
9.3. 의미와 용법 ··· 99
　　Exercises ··· 105

Chapter 10
비정형절(non-finite clause) — 부정사구와 분사구
10.1 정형절과 비정형절 ·· 107
10.2 부정사구와 분사구문의 재음미 ······················ 109
10.3 to 부정사구/분사구문과 정형절의 유기적인 관계 ·········· 109
　　Exercises ··· 114

Chapter 11
문장과 문장의 연결
11.1 서론 ·· 115
11.1.1 (문장을 연결해 주는) 문법상의 장치 ············ 115
11.1.2 cohesion ·· 117
11.2 지시 ·· 118
11.3 대용(substitution)과 생략(ellipsis) ················ 127
11.4 do ··· 132
11.6 생략 ·· 147
11.7 접속어 ·· 153
　　Exercises ··· 157

Chapter 16
특수구문: 변칙적 의문문과 변칙적 종속절

Chapter 17
이삭줍기

Chapter 1
동사가 만드는 구문
― 헷갈리기 쉬운 것들

1.1 동사와 동사형

일상적으로 흔히 쓰이는 동사인 want, like, love, hope, wish를 예로 들어보자. 이 동사들이 다음과 같은 동사형(verb patterns)으로는 어떻게 쓰일까?

동사형 A: 동사 + (대)명사
동사형 B: 동사 + to 부정사
동사형 C: 동사 + 동명사
동사형 D: 동사 + (대)명사 + to 부정사
동사형 E: 동사 + that절

1.2 동사형 A

①   a. I **want** a pair of new shoes.
    b. I **like** your hairstyle.
    c. I **loved** the story very much.
    d. *I hope good weather on my birthday.
      → I **hope for** good weather on my birthday.
    e. *Do not wish the impossible.
      → Do not **wish for** the impossible.

①에서 want, like, love는 (대)명사를 바로 목적어로 취하지만, hope나 wish는 목적어 앞에 for가 필요하다. (for가 필요한 hope나 wish 는 목적어의 획득이나 실현이 주어의 의지나 능력보다 행운이나 신의 가호 등 제3자에 달려있다는 뜻을 함축한다.)

1.3 동사형 B

다섯 동사가 모두 **S + V + to 부정사** 구문을 만든다.

②   a. I **want to go** with you.

       b. I **like to sleep** late on weekends.

       c. We all **love to talk** about ourselves.

       d. He **hopes to pass** the examination this time.

       e. I **wish to discuss** this matter further.

wish to…와 want to…는 뜻이 거의 같다. 다만 wish to…는 want to…보다 격식성이 높다.

1.4 동사형 C

like와 love는 목적어로 동명사를 취할 수 있다. hope와 wish는 동명사를 수반하지 못한다.

③   b. He doesn't **like asking** his parents for help.

       c. My dad **loves going** to football games.

       d. *I **hope winning** the medal.

       e. *He **wishes coming** with you.

want는 어떨까? want는 다음 ④와 같은 문장을 만들 수 있지만 ⑤는 비문법적이다. 동명사와 함께 쓰이는 want는 '…을 원하다'란 뜻이 아닌 need란 뜻을 나타내며 그 다음을 잇는 동명사는 수동적 의미로 해석이 된다. '…을 원하다'란 뜻의 want는 동명사를 목적어로 수반하지 못하는 것이다.

④　Your shirt **wants cleaning**(= **needs to be cleaned**).
⑤　*I **want asking** a question.
　→ I want to ask a question.

1.5 동사형 D

⑥ a. I **want him to come**.
　b. We'd **like you to come** and **visit** us.
　c. I'd **love you to come** and **visit** us.
　d. *I **hope him to win** the medal.
　e. He was not sure whether he **wished her to stay** or **to go**.

hope는 **S + V + (대)명사+ to 부정사** 구문을 만들지 못한다. 이 동사형 D와 관련해서 like, love, wish에는 다음과 같은 특성도 있다.

1. 의미상 주어를 표시하는 for를 (대)명사 앞에 부가할 수 있다. 반면에 want와 hope는 이 구문을 만들지 않는다.1)

---

1) *Merriam-Webster's Advanced Learner's English Dictionary*(2008)의 want의 항목(3.b)에는 다음과 같은 예문이 보인다.
　Do you *want* me to *bring back* your book?
　이 예문 다음에 아래와 같은 단서가 붙어있다.
　— sometimes + for in informal U.S. English.
　I want for you to do this.
　격식성이 낮은 미국영어에서는 want가 *for*를 수반하기도 한다는 것이다

⑦ I'd **like for us to work** together. (*Oxford Advanced Learner's Dictionary*, 2000) (다음부터는 *OALD*로)

⑧ I would **love for you to join** me at a dinner party tomorrow night. — Dan Brown, *The Origin*.

⑨ She shut her eyes and **wished for him to get** better.[2] (*OALD*, 2000)

2. like와 love는 (앞에 예가 이미 나와 있지만) 흔히 would를 수반하는데 would는 보통 주어와 결합해서 축약형으로 쓰인다. would like to…는 want to…의 뜻을 '정중하게' 나타내며, would love to…는 would *very much* like to…(= want very much to…)란 뜻을 나타낸다.

⑩ a. I'd **like to see** that movie.
　　b. We'd **like you to come** and **visit** us.
⑪ a. I haven't been to Brazil, but I'd **love to**.
　　b. We'd **love you to come** and **visit** us.

Merriam-Webster's Dictionary of English Usage(1994: 946)에는 'want가 만드는 구문 가운데 여러 어법지침서에 정용법이 아닌 예로 가장 많이 언급되고 있는 것이 I want you to do this를 대신하는 I *want for* you to do this이다. 이 want for 구문은 격식성이 낮은 말(speech)에서나 한정적으로 쓰인다'란 내용의 언급이 보인다.
단, 다음과 같은 구문에서는 want 다음에서 for가 쓰인다.
　what으로 시작하는 의사분열문
　He wants you to try.→ What he wants is for you to try.
want와 부정사구의 의미상의 주어 사이에 다른 어구가 끼어 있는 구문
I want <u>very much</u> for you to do so.
She wanted, <u>we all did</u>, for him to succeed.
2) 이 ⑨는 *OALD*에서 빌린 예문인데, *Longman Grammar of Spoken and Written English*(1999: 702)(다음부터는 *LGSWE*로)에서는 이 구문을 만드는 동사에 like와 love는 포함시키고 wish는 배제하고 있다.

3. 동사형 D와 관련해서는 또 하나 유의할 점이 있다. want 등 이외에 ask나 expect도 동사형 D를 만든다.

⑫ a. I **asked him to** come.
   b. I **expected him to** come.

그런데 ask나 expect는 ⑫의 목적어인 him을 주어로 삼아 수동문 ⑬도 만든다. 그렇지만 want, like, love, wish는 ⑥은 만들지만 him을 주어로 하는 수동문은 만들지 못한다.

⑬ He **was asked/expected** to come.
⑭ He **was *wanted/*liked/*loved/*wished** to come.

ask나 expect가 수동문 ⑬을 만들 수 있는 것은 ⑫의 him이 ask의 경우는 간접목적어, expect의 경우는 직접목적어가 되기 때문이다. 반면에 want 등이 수동문을 만들지 못하는 것은 목적어가 him이 아니라 him to come이기 때문이다. (I wanted him to come에서 내가 원하는 것은 '그'가 아니라 '그가 오기를'이다.)

1.6 동사형 E

that절을 이끌 수 있는 동사는 hope와 wish에 한한다. want, like, love는 that절을 수반하지 못한다.

⑮ I ***want/*like/*love that**⋯
⑯ I **hope that** he will pass the examination this time.
⑰ I **wish (that)** I were taller.

wish가 이끄는 that절에서는 가정법이 쓰인다.

1.7 특성의 차이

다음 도표는 앞에서 살펴본 이 동사들의 구문상의 특성을 대조적으로 보여준다. (B~E는 위에 나온 동사형을 가리킨다. 편의상 동사형 A는 이 도표에서 제외했다. '+'는 해당 동사형을 만들 수 있다는 표시이고, '−'는 만들지 못한다는 표시이다.)

	B	C	D	E
want	+	−/+3)	+	−
like	+	+	+	−
love	+	+	+	−
hope	+	−	−	+
wish	+	−	+	+

1.8 기타 동사

아래 도표는 역시 일상적으로 흔히 쓰이는 동사들이 위에서 기술한 구문상 특성을 어떻게 나타내는지를 보여준다.

	B	C	D	E		B	C	D	E
agree	+	−	−	+	allow	−	+	+	+
arrange	+	−	−	+	ask	+	−	+	+
challenge	−	−	+	−	command	−	−	+	+
continue	+	+	−	−	decide	+	−	−	+
demand	+	−	−	+	desire	+	−	+	−
dread	+	+	−	+	encourage	−	+	+	−
forget	+	+	−	+	hate	+	+	+	−
hope	+	−	−	+	induce	−	−	+	−
instruct	−	−	+	+	intend	+	+	+	+
learn	+	−	−	+	mean	+	+	+	+
need	+	+	−	−	neglect	+	−	−	−
omit	+	−	−	−	order	−	−	+	+
permit	−	+	+	−	persuade	−	−	+	−
prefer	+	+	+	+	presume	+	−	+	+

---

3) 앞의 동사형 C에 나오는 'want + 동명사…'의 설명 참조.

pretend	+	−	−	+	promise	+	−	−	+
prompt	−	−	+	−	propose	+	+	−	+
prove	+	−	+	+	reckon	+	−	+	+
recommend	−	+	+	+	remember	+	+	−	+
require	−	+	+	+	resolve	+	−	−	+
teach	−	−	+	+	tell	−	−	+	+
trust	−	−	+	+	try	+	+	−	−
urge	−	−	+	+	vow	+	−	−	+

1.9 유의 사항

위의 동사들이 만드는 동사형과 관련해서 다음과 같은 점도 유의할 만하다.

1. command

다음 a에서 the officer는 명령을 직접 받은 대상을 나타내고 b의 that 이하는 명령의 내용을 나타낸다. b의 경우 지휘관이 명령을 내린 대상이 반드시 그 장교는 아니다. order, urge가 만드는 동사형의 경우도 command와 비슷하다.

a. The commander **commanded the officer to release** the prisoner.
b. The commander **commanded that the officer release** the prisoner.

2. forget/remember

forget/remember + to 부정사는 '(해야 할 일을) 잊고 하지 않다/잊지 않고 기억하다'란 뜻을 나타내고, forget/remember + 동명사는 '(과거에 …했던 일을) 잊어버리다/기억하고 있다'란 뜻을 나타낸다.

a. I **forgot to lock** the door.

(문을 잠궈야 하는데 잊고 잠그지 않았다.)

b. I **forgot locking** the door.

(문을 잠그고도 잠근 것을 잊었다.)

c. **Remember to lock** the door.

(잊지 말고 문을 잠가요.)

d. I **remember meeting** you.

(당신을 만난 것을 기억합니다.)

3. mean

mean은 동사형에 따라 다음과 같이 의미가 다르다.

a. I didn't **mean to step** on your toe. (mean to = intend to)

(고의로 당신 발을 밟으려고 한 것은 아닙니다.)

b. I didn't **mean you to read** the letter.

(의도적으로 당신으로 하여금 그 편지를 읽게 한 것은 아니었다.)

c. The new agreement **means accepting** lower wages.

(mean ⋯ing = make ⋯ necessary)

(그렇게 새로 협정을 맺게 되면 결과적으로 임금 삭감을 받아들여야 한다.)

d. Did he **mean that** he was dissatisfied with our service?

(그러니까 그분은 우리 서비스가 마음에 안 든다는 말인가요?)

4. propose

propose도 보통은 '제의하다'란 뜻으로 쓰이지만, propose to는 intend to란 뜻을 갖는다.

5. reckon

V + (대)명사 + to 부정사 구문을 만들기는 하지만, 주로 (대)명사를 주어로 하는 수동형으로 쓰인다.

a. **Children are reckoned to be** more sophisticated nowadays.

6. tell

a. **Tell him not to be** late.

b. I **told him that** I was sick.

a의 tell은 '(…에게 …를 하라고) 명령하다'란 뜻이고 b의 tell은 '(…란 정보를) 전달하다'란 뜻을 갖는다. instruct도 tell과 용법이 같다.

7. try

try to…와 try + …ing도 의미가 다르다.

a. 과일을 먹지 않으려고 하는 상대에게
   Try to eat more fruit.
   (과일을 좀 더 먹도록 (노력)해.)

b. 과일을 늘 잘 먹는 상대에게
   Try eating more fruit.
   (과일을 더 많이 먹어봐. (어떤 결과가 나타날지 보게.))

8. persuade

persuade는 앞의 표가 보여주듯이 동사형 E를 만들지 못한다. that 을 수반하는 경우는 간접목적어가 함께 수반되어야 한다.

a. *He persuaded that the life was worth living.

b. → He persuaded **me** that the life was worth living.

persuade처럼 that절을 수반하는 경우 반드시 간접목적어도 수반하여야 하는 동사로는 다음이 있다.

inform, notify, remind, assure, convince, reassure

a. We regret to **inform you that** your application has not been successful.

9. that절만을 수반할 수도 있고, 간접목적어를 아울러 수반할 수도 있는 동사는 다음과 같다.

advise, show, promise, teach, warn

a. Experts **advise that** you should avoid being in strong sunlight for long periods.
b. They **advised him that** the tour would proceed.

that을 이끄는 advise는 문맥에 따라서 '…라고 충고하다'란 의미 외에 '…라고 통고하다'란 의미도 나타낸다.

10. 다음은 간접목적어 앞에 전치사 to가 필요한 동사이다. 이 동사들은 that절만을 수반할 수도 있다.

admit, complain, confess, declare, emphasize, explain, point out, propose, recommend, remark, reply, report, respond, say, suggest, swear, testify, vow

간접목적어 앞에 to가 아닌 다른 전치사가 쓰이는 동사로는 다음이 있다.

a. She **demanded of me that** …
b. He **agreed with me that** …

11. 동사 write는 다음과 같은 세 형식이 다 쓰인다.[4]

---

4) Quirk *et al.*(1985: 1213)에 의하면 promise도 write처럼 세 형식이 다 가능하다.

  a. Isabella **wrote that** she was dying and asked him to visit
    her for the last time.
  b. Isabella **wrote to him** that she was dying and …
  c. Isabella **wrote him** that she was dying and …

c는 특히 미국영어의 어법에 속한다.

12. arrange

arrange는 <u>목적어 + to 부정사</u>를 수반하는 경우 목적어 앞에 for가
필요하다.

  a. Please **arrange for a cab to pick** me up at six.

이 arrange와 같은 구문을 만드는 다른 동사로는 long, wait가 있다.

13. 앞에서 언급했듯이 like나 love는 <u>목적어 + to 부정사</u>를 수반할
수도 있고, 목적어 앞에 for를 부가할 수도 있는데, 이 두 가지 동사형
을 다 만들 수 있는 동사로는 그 밖에 hate, mean 등이 있다.

  a. I'd hate **(for) him to think** I wasn't interested.
  b. We didn't mean **(for) you to lose** the job.

(참조)
문용, 고급영문법해설(2017), Chapter 1 동사.

01

Exercises

1. 다음 동사가 보기와 같은 구문을 만들면 '+'를, 만들지 않으면 '−'를 주어
진 빈칸에 표시하시오.

> **보기**
>
> B: 동사 + to 부정사
> C: 동사 + 동명사
> D: 동사 + (대)명사 + to 부정사
> E: 동사 + that절

	B	C	D	E		B	C	D	E
beg	__	__	__	__	cause	__	__	__	__
endure	__	__	__	__	force	__	__	__	__
remind	__	__	__	__	request	__	__	__	__
threaten	__	__	__	__	trouble	__	__	__	__
warn	__	__	__	__	warrant	__	__	__	__

2. 다음 동사가 that절을 수반하는 경우, 나타낼 수 있는 구문상의 특성을 보기를 참고하여 빈칸에 '✔'로 표시하시오.

> **A:** that절만을 수반하고, 간접목적어나 <u>전치사 + 간접목적어</u>와 함께 쓰이지 않는다.
>
> e.g. The general commanded that the regiment attack at once.
>
> **B:** 간접목적어를 수반하여야 한다.
>
> e.g. She reminded <u>me</u> that we had met before.
>
> **C:** <u>전치사 + 간접목적어</u>를 수반한다.
>
> e.g. He complained <u>to the manager</u> that he had been unfairly treated.

	A	B	C		A	B	C
admit	___	___	___	convince	___	___	___
mention	___	___	___	explain	___	___	___
insist	___	___	___	notify	___	___	___
order	___	___	___	persuade	___	___	___
suggest	___	___	___	tell	___	___	___

Chapter 2
사실동사

___

2.1 regret과 believe

다음 ①과 ②는 모두 문법적이다.

① I **regret** that she failed in the exam again.
② I **believe** that she failed in the exam again.

그러나 다음 ①'와 ②' 중에서는 ①'만이 문법적이다.

①' I **regret** *her having failed in the exam again.*
②' *I **believe** *her having failed in the exam again.*

다음의 경우도 ③과 ④는 모두 문법적이다.

③ It is **sad** that she failed in the exam again.
④ It is **true** that she failed in the exam again.

하지만 ③'와 ④' 가운데서는 ③'만이 문법적이다.

③' *Her having failed in the exam again* is **sad**.
④' **Her having failed in the exam again* is **true**.

①~④가 다 문법적인데 왜 ②'와 ④'는 비문법적일까? 다시 말해서 왜 regret과 sad는 her having failed in the test again과 같은 (she failed in the test again에서 만들어진, 문장의 여러 요소를 갖춘) 동명사구와 함께 쓰일 수 있는데, believe나 true는 그렇지 못할까?

예전에는 여러 동사나 형용사가 구문상의 차이를 보이는 것은 그저 개별 동사나 형용사가 그런 특성을 가지고 있기 때문으로 해석해 왔다. 그런데 이 구문상의 차이를 동사나 형용사가 내재적으로 지니는 의미상의 특성과 연관지어 설명하려 한 것이 사실동사(factive verb)란 범주의 설정이다.

2.2 어떠한 동사가 사실동사일까?

편의상 that이 이끄는 종속절을 이용하여 설명하자면, 사실동사란 주어나 목적어가 되는 that절을 하나의 '전제(presupposition)'로 삼는 술어동사를 말한다.

여기서 말하는 '전제'란 화자와 청자 사이에 하나의 <u>기정사실</u>로 받아들여지고 있으므로, 그 진부(眞否)가 문제가 되지 않는 내용을 가리킨다. 다음 ⑤의 a, b에 나오는 that절이 바로 이 '전제'의 예가 된다. 화자나 청자나 '그녀가 또 한 번 실패했다'는 내용은 기정사실로 받아들이고 있어, 그 내용이 사실인지 아닌지가 문제가 되고 있지 않은 것이다. 그리고 이와 같은 내용을 종속절로 삼는 regret이나 sad가 사실동사의 예가 된다. (sad는 형용사이지만, (be 다음 쓰이는) 형용사도 그 특성에 따라서는 넓은 의미에서의 사실동사에 속한다.)

⑤   a. I regret that **she failed again**.
       (나는 그녀가 또 실패한 것이 유감스럽다.)
     b. It is sad that **she failed again**.
       (그녀가 또 실패한 것이 슬프다.)

한편 이 '전제'와 대조가 되는 개념이 '주장(또는 단정(assertion))'이다. 다음 ⑥의 a, b에 나오는 that절은 '주장'에 속한다.

⑥ a. I believe that **she failed again**.

(나는 그녀가 또 실패한 것으로 믿고 있다.)

b. It is true that **she failed again**.

(그녀가 또 실패한 것은 사실이다.)

'전제'와 달리 '주장'은 화자나 청자가 똑같이 기정사실로 받아들이고 있지 않은 내용을 가리킨다. that절은 그저 화자의 주관적 판단에 불과한 것일 수도 있고, 청자에게는 새로운 정보이거나 동의할 수 없는 내용일 수도 있다.

이와 같이 주장이 되는 내용을 that절로 수반하는 술어동사 즉, ⑥의 believe나 true는 비사실동사(non-factive verb)의 예가 된다.

2.3 전제와 주장

that이 이끄는 종속절이 전제가 되느냐 주장에 그치느냐를 판단할 수 있는 손쉬운 방법은 술어동사를 부정형으로 바꾸어 보는 것이다.

술어동사로 쓰인 사실동사는 이를 부정형으로 바꾸어도 이 부정의 뜻이 기정사실인 that절에 영향을 미치지 않는다. 그러나 비사실동사의 경우에는 술어동사가 부정형으로 바뀌면 that절이 전달하려는 의미도 달라진다.

사실동사가 술어동사인 경우
⑦ a. I **regret** that *she failed again.* (전제)
   → b. I don't **regret** that *she failed again.*
비사실동사가 술어동사인 경우
⑧ a. I **believe** that *she failed again.* (주장)
   → b. I don't **believe** that *she failed again.*

사실동사가 쓰인 ⑦에서는 regret이 긍정형으로 쓰였건 부정형으로 쓰였건 '그녀가 또 실패했다'란 뜻은 변함이 없다. 그러나 비사실동가가 쓰인 ⑧에서는 a는 '그녀가 또 실패했다'란 뜻이지만, b는 '그녀가 또 실패하지는 않았다'란 뜻을 함축한다.

예를 추가해 보자. 다음 ⑨~⑫에서 that이 이끄는 종속절은 '전제'를 나타내고 술어동사는 사실동사에 속한다.

⑨ It **irritates** me that *she treats me like a child.*

⑩ I **deplore** that *John died of cancer last night.*

⑪ Let's **take into account** that *he is old enough.*

⑫ It is **tragic** that *John died of cancer last night.*

그리고 사실동사가 술어동사로 쓰인 ⑨~⑫의 that절은 (문장의 요소를 갖춘) 동명사구로 바꿔 쓸 수 있다.

⑨' *Her treating me like a child* **irritates** me.

⑩' I **deplore** *John's having died of cancer last night.*

⑪' Let's **take into account** *his being old enough.*

⑫' *John's having died of cancer last night* is **tragic**.

다음은 술어동사가 비사실동사인 예이다. that이 이끄는 종속절은 '주장'을 나타내고 동명사로 바꾸어 쓰지 못한다.

⑬ I **think/suppose** *he is old enough to do what he likes to do.*

→ I think/suppose **his being old enough to do⋯.*

⑭ Let's **hope** that *he will succeed next time.*

→ Let's hope **his succeeding next time.*

2.4 사실동사의 특성

사실동사는 문장의 요소를 갖춘 동명사구를 주어나 목적어로 삼을 수 있는 특성 말고도 다음과 같은 특성을 갖는다.

1. 사실동사는 비사실동사와 달리 <u>주어 + 동사 + (대)명사 + to 부정사</u> 구문을 만들지 못한다.

사실동사

*I **regret** you to be late.

*I **resent** Mary to have been the one who did it.

비사실동사

I **believe** him to be honest.

I **want** him to leave.

2. 비사실동사에 속하는 believe, suppose, think 등에 한하여 부정어 상승변형[1]이 적용된다. 다음 a는 부정어의 상승변형에 따라 흔히 a'로 나타낸다.

a. I **think/suppose** that he is **not** honest.
→ a'. I **don't think/suppose** that he is honest.

a와 a'는 의미상 차이가 없다. 그러나 사실동사가 술어동사로 쓰인 다음 b와 not이 주절로 옮겨간 b'는 의미가 다르다.

---

1) 문용(2017: 527)

b. He **regrets** that he is **not** honest.

   ≠ b'. He **doesn't regret** that he is honest.

3. 주어나 목적어가 되는 that절 앞에 the fact를, 그리고 주어나 목적어가 되는 동명사구 앞에 the fact of를 부가하는 것은 사실동사의 경우에만 가능하다.

사실동사

That the dog barked during the night **bothered** me.

→ **The fact that** the dog barked during the night **bothered** me.

→ **The fact of** the dog's barking during the night **bothered** me.

비사실동사

That the dog barked during the night is **true**.

→ ***The fact that** the dog barked during the night is **true**.

→ ***The fact of** the dog's barking during the night is **true**.

I **believe** that the dog barked during the night.

→ ***I believe the fact** that the dog barked during the night.

→ ***I believe the fact of** the dog's barking during the night.

4. that이 이끄는 종속절을 대용어(pro-form)로 바꾸는 경우, 사실동사는 it을 사용하고 비사실동사는 보통 so를 사용한다.

a. John regretted that Bill had done it, and Mary regretted **it**, too.

b. John supposed that Bill had done it and Mary supposed **so**, too.

b에서 so가 쓰인 것은 so가 Bill had done it이란 문장을 대신하기 때문이다. 반면 a에서 it이 쓰인 것은 regret이 사실동사여서, regret의 목적어인 that Bill had done it이 사실은 the fact (that Bill had done it)의 생략형이기 때문이다.

(참고)

대용어로 쓰이는 it과 so는 용법상 다음과 같은 차이가 있다.

it: 앞에 나온 명사(구)를 대신한다.
so: 앞에 나온 문장을 대신한다.

그렇다고는 하나 think나 suppose와 달리 believe나 expect는 앞에 나온 문장을 so 대신 it으로 받기도 한다. 그런 경우 it은 앞에 나온 문장의 진위에 대한 화자의 '확신'을 반영한다.

Chomsky said that deep structure exists and I believe **so/it**.

2.5 사실동사와 비사실동사를 겸하는 동사

동사 가운데는 사실동사와 비사실동사를 겸하는 것도 있다. 예를 들어 다음 ⑮와 ⑯에서 report와 remember는 각각 구문의 형식으로 알 수 있듯이, a에서는 사실동사로 b에서는 비사실동사로 쓰였다.

⑮ a. They **reported** the enemy's having suffered a decisive defeat. (그들은 적이 결정적으로 패배당한 사실을 보도했다.)
   b. They **reported** the enemy to have suffered a decisive defeat. (그들은 적이 결정적으로 패배당했다고 보도했다.)
⑯ a. I **remembered** his being bald.
   b. I **remembered** him to be bald.

⑯의 a가 '그가 대머리였다'는 것을 하나의 사실로 기억하고 있다는 뜻을 나타낸다면 b는 '그는 대머리였던' 것으로 기억하고 있다는 뜻을 나타낸다. 따라서 ⑯의 a와 b에 문장이 이어지는 경우 그 내용은 일례로 다음과 같이 달라질 수 있다.

⑰ a. I **remembered** his being bald, so I bought a wig for him.
b. I **remembered** him to be bald, so I was surprised to see him with long hair.

Kiparsky, P. and C. Kiparsky, 1970. "Fact".

02

Exercises

1. '사실동사' 설정의 의의(意義)를 간단히 설명하시오.

2. 다음 술어동사와 형용사를 사실동사와 비사실동사로 구분하여 사실동사는 빈칸에 O, 비사실동사는 X로 표시하시오.

_____ (1) ignore

You can't <u>ignore</u> that many criminals never go to prison.

_____ (2) assert

The government <u>asserted</u> that no more money will be available.

_____ (3) be odd

It <u>is odd</u> that she never minds whatever other people say about her.

_____ (4) presume

I <u>presume</u> that foreign cars are very expensive.

3. 다음 밑줄 친 종속절이 '전제'를 나타내면 빈칸에 P, '주장'을 나타내면 A로 표시하시오.

_____ (1) We concluded that <u>they would deny our request</u>.

_____ (2) He realized that <u>she was a compulsive liar</u>.

_____ (3) That <u>our team lost the match in the last five minutes</u> is shocking.

_____ (4) I am sure that <u>he is ready to agree with you</u>.

4. 다음이 문법상 타당한 기술이면 빈 칸에 O, 타당하지 않으면 X로 표시하시오.

_____ (1) 사실동사는 S + V + 목적어 + to 부정사 구문을 만들지 않는다.

_____ (2) report나 remember는 사실동사로도 쓰이고, 비사실동사로도 쓰인다. 역시 사실동사로도 쓰이고 비사실동사로도 쓰이는 동사에는 regret도 있다.

Chapter 3
함의동사

3.1 manage와 hope

다음 ①에서 manage가 긍정, 부정, 의문의 형식으로 쓰인 a~c는 각각 a'~c'와 같은 의미를 내포한다.

①   a. The teacher **managed** to solve the problem.
      a'. The teacher *solved the problem*.
      b. The teacher **didn't manage** to solve the problem.
      b'. The teacher *did not solve the problem*.
      c **Did** the teacher **manage** to solve the problem?
      c'. *Did* the teacher *solve the problem*?

managed를 hoped로 바꾸어보자.

②   a. The teacher **hoped** to solve the problem.
      b. The teacher **didn't hope** to solve the problem.
      c. **Did** the teacher **hope** to solve the problem?

manage와 달리 ②의 경우는 a~c가 ①의 a~c와 a'~c'가 갖는 의미 관계를 내포하지 않는다.

3.2 함의동사와 비함의동사

함의동사(含意動詞, implicative verb)란 manage처럼 He managed to solve…가 He solved…란 의미를, He did not manage to solve…가 He did not solve…란 의미를, 그리고 Did he manage to solve…가 Did he solve…?와 같은 의미를 내포하는 동사를 말한다. 이런 특성을 갖지 않는 hope 같은 동사가 비함의동사(non-implicative verb)이다.

함의동사의 예로는 remember (to…)도 있다.

③의 a~c는 a'~c'의 뜻을 내포한다.

③ a. I **remembered** to lock the door.
  a'. I *locked the door.*
  b. He did**n't remember** to lock the door.
  b'. He *didn't lock the door.*
  c. **Did** he **remember** to lock the door?
  c'. *Did* he *lock the door?*

①과 ③에서는 함의동사가 만드는 긍정(a), 부정(b), 의문(c)의 형식을 예로 들었지만, 함의동사가 명령문으로 쓰인 경우나 그 앞에 조동사가 부가된 경우에도 비슷한 관계가 발견된다. 즉, 다음 ④~⑤의 a는 각각 a'가 나타내는 의미를 함축한다.

④ a. **Remember** to lock your door.
  a'. **Lock** your door.
⑤ a. You **must remember** to lock your door.
  a'. You **must lock** your door.

다음 술어동사(와 형용사)도 함의동사에 속한다.

⑥ He **happened** to witness the crime scene.

⑦ He **took the opportunity** to talk with his boss.

⑧ He **had the misfortune** to lose all his money.

⑨ He **was careful** to keep out of sight.

다음 술어동사(와 형용사)는 비함의동사에 속한다.

⑩ He **agreed/wanted/planned** to come with me.

⑪ He **was eager/ready** to do so.

즉, He agreed to come with me가 He came with me란 뜻을, He was eager to come with us가 He came with us란 뜻을 반드시 내포하지는 않는 것이다. glad는 어떨까? He was glad to see me가 He saw me란 뜻을 내포하기 때문에 glad는 함의동사처럼 보이지만 함의동사가 아니다. He was not glad to see me가 (여전히 He saw me란 뜻을 내포하지) He did not see me란 뜻을 내포하지는 않는 것이다.

3.3 부정적 함의동사

앞서 제시한 함의동사의 예에는 포함시키지 않았지만, 동사 가운데에는 부정적 함의동사(negative implicative verb)라고 부름직한 동사도 있다. forget, fail, neglect, decline, avoid, refrain 등이 그렇다. 이 동사들은 함의동사와 비슷한 특성을 갖고 있는데, 다만 동사 자체에 부정의 뜻이 담겨져 있다. 예를 들어 forget은 not remember라는 뜻을 갖는다. 따라서 다음 ⑫의 a~c는 각각 a'~c'가 나타내는 의미를 내포한다.

⑫ a. John **forgot** to lock his door.

　　a'. John did**n't** lock his door.

    b. John **didn't forget** to lock the door.

    b'. John **locked** the door.

    c. Did John **forget** to come?

    c'. Did**n't** John come?

즉, 부정적 함의동사는, 긍정형으로 쓰인 경우에는 그 다음을 잇는 to 부정사구가 부정의 뜻을 내포하고, 부정형으로 쓰인 경우에는 그 다음 to 부정사구가 긍정의 뜻을 내포한다.

3.4. 함의동사와 비함의동사를 겸하는 동사

동사 가운데는 함의·비함의 양쪽으로 쓰이는 동사도 있다. 앞에서 예로 든 부정적 함의동사 중 forget, fail과 대립시켜 manage나 remember를 긍정적 함의동사(positive implicative verb)라고 부른다면, 함의·비함의의 양쪽으로 쓰이는 동사는 다음과 같다.

긍정적: be able to, be in the position, have the time/
           opportunity/chance/patience, be… enough to

부정적: be too… to

구체적인 예를 들어보자.

⑬ a. In the last game, the quarterback **was able to** complete only two passes. (함의동사)

    (마지막 경기 때 그 쿼터백은 겨우 두 번 패스를 성공시킬 수 있었다.)

  b. Ten years ago, he **was able to** knock out any boxers. (비함의동사)

    (10년 전에는 그는 어느 권투선수이건 넉 아웃을 시킬 수가 있었다.)

⑬의 a는 the quarterback completed only two passes라는 뜻을 내포하지만 '그가 어느 권투선수이건 KO를 시킬 수가 있었다'라는 뜻인 b는 가능성을 나타낼 뿐, 실제로 '수적으로 제한이 없는 권투선수를 모두 KO를 시켰다'라는 뜻은 아니다.

⑬의 a와 b에서 이와 같은 차이를 드러나게 하는 것은 *only*와 *any*란 한정사의 차이이다.

⑭　a. John **was clever enough to** keep the secret.
　　　(함의동사)
　　b. The boy **was clever enough to** learn to read.
　　　(비함의동사)

특정한 경우를 전제로 하는 ⑭의 a는 John kept the secret라는 뜻을 내포하는 것으로 해석할 수 있는 반면, '글 읽기를 익힐 만큼 영리했다'라는 뜻을 나타내는 b는 The boy learned to read라는 뜻을 반드시 내포하지는 않는다.

⑮　a. John **was too stupid to** understand the book.
　　　(부정적 함의동사)
　　b. James **was too stupid to be** Prime Minister.
　　　(비함의동사)

⑮의 경우 a는 'John이 어리석어서 그 책을 이해하지 못했다'로 해석이 되므로 be too… to…는 부정적 함의동사에 해당한다. be too… to…는 '너무나 …해서 …못하다'로 해석하는 것이 공식처럼 되어 있기도 하다. 이는 be too… to…를 부정적 함의 동사로 간주한 결과이다.

그런데 b의 경우, 그 뜻을 'James는 너무나 어리석어 수상이 되지는 못하였다'로 해석한다면 be too… to…가 부정적 함의동사에 해당하지만, b는 'James는 수상이기에는 너무나 어리석었다(하지만 그는 수상이 되었다)'란 뜻으로 해석할 수도 있고, 그럴 경우에는 be too… to…
가 함의동사가 아니다.

참조

Karttunnen, Lauri. 1971. "Implicative Verb." *Language* 47. pp.
340 − 358.

03

Exercises

1. 다음을 보기에 따라 분류하고 빈칸에 주어진 기호를 쓰시오.

보기

A: 함의동사
B: 비함의동사
C: 부정적 함의동사
D: 함의동사와 비함의동사를 겸하는 동사

_____ (1) decline   _____ (2) bother

_____ (3) be careful to   _____ (4) be too… to…

_____ (5) be ready to   _____ (6) avoid

_____ (7) remember   _____ (8) be… enough to

_____ (9) agree   _____ (10) be eager to

_____ (11) forget   _____ (12) happen

_____ (13) neglect   _____ (14) fail

_____ (15) want

2. 함의동사의 관점에서 다음 술어동사의 통사상 특성을 설명하시오.

I **persuaded** him to come with me.

Chapter 4
과거분사와 파생형용사

4.1 freeze/frozen

freeze의 과거분사는 frozen이다. frozen은 완료형과 수동형을 만들고 명사를 수식한다.

The lake has **frozen**.
Two men were **frozen** to death on the mountain.
a **frozen** lake

그런데 prove, rot, shrink, sink 등과 같이 과거분사와 명사를 수식하는 파생형용사의 어형이 다른 동사도 있다.

prove
He has **proved** himself to be capable.
He is a man of **proven** ability.
(그는 능력이 증명된 사람이다.)

미국영어에서는 proven이 prove의 과거분사로 쓰이기도 한다.

rot
The wood has **rotted** away.
The wood was so **rotten** you could put your finger through it.
The apples went **rotten** very quickly.

shrink

How your gums have **shrunk** since teeth were extracted!

(이를 뺀 다음 잇몸이 많이 오므라들었구나!)

a **shrunken** face

sink

The foundation has **sunk**.

He has **sunken** eyes.

4.2 melt/melted/molten

1. melt의 파생형용사는 molten이다. 그런데 molten은 녹이는 데 고열을 필요로 하는 대상에 쓰이고, 그렇지 않은 대상에는 과거분사형인 melted가 쓰인다.

molten rock(용암)

molten steel(용철)

melted chocolate

melted ice

2. learn의 경우, 과거분사와 파생형용사는 형태는 동일하지만 발음이 다르다.

Have you **learned** [lə:rnd] much?

He is a **learned** [lə:rnid] man.

3. drink의 과거분사는 drunk인데, drunk는 서술적 용법의 형용사로도 쓰인다. 한정적 용법의 형용사로는 drunken이 쓰인다.

He was dead **drunk**. (서술적 용법)

(그는 곤드레만드레 취했다.)

I met a **drunken** sailor. (한정적 용법)

(나는 술에 취한 선원 한 사람을 만났다.)

4. '(가족, 근친을) 여의다'란 뜻을 나타낼 때 bereave[1]는 수동형으로 쓰인다.

He was **bereaved** of his wife.

(그는 아내를 여의었다.)

the **bereaved** (가족의 죽음을 당한 사람(들), 유족)

한편 '희망(또는 이성이나 감정)을 잃다'란 뜻을 나타낼 때는 bereave 의 과거분사로 bereft가 쓰이는데, bereft는 격식성이 높다.

He was **bereft** of hope/reason/emotion.

bereft에는 sad and lonely란 의미도 있다.

He was utterly **bereft** when his wife died.

5. light(불을 켜다, 불을 붙이다)의 과거와 과거분사로는 lighted, lighted와 lit, lit의 양형이 있는데, 술어동사의 과거형과 수동형에는 lit 이 쓰이고, lighted는 명사를 직접 수식하는 데 쓰인다.

He **lit** the candle.

The candles were **lit**.

a **lighted** candle

a **lighted** window

---

1) *Longman Dictionary of Contemporary English*(2016) (다음부터는 *LDOCE*로)
에는 bereaved와 bereft가 그저 형용사로만 기재가 되어 있다.

04

Exercises

1. 문맥에 맞도록 다음 동사의 과거형이나 과거분사형을 빈칸에 써넣으시오.

보기

bear	bid	bind	found	lie
lay	steal	strike	wind	wound

(1) The prisoner was _____ hand and foot with chains.

(2) He _____ me good morning as he passed.

(3) She came closer to the little girl and _____ her hand on her head.

(4) You ought to have _____ up the clock earlier.

(5) She felt she was deeply _____ in her self-esteem.

(6) The society was _____ in 1910.

(7) I knew he _____ a heavy burden on his shoulder.

(8) At midnight she _____ out of her room.

(9) Hungry and _____ with the disease, these unhappy people left the land for good.

(10) These machines have _____ idle since the factory closed.

Chapter 5
surprised vs. surprising
― 경험자격과 자극격

5.1 '경험자격'과 '자극격'

1. 똑같은 sad지만 다음 ①의 a와 b에서 sad는 의미가 다르다.

①   a. I am **sad**.
     b. **The movie** was **sad**.

a의 sad는 feeling unhappy란 뜻이고, b의 sad는 making you unhappy란 뜻인 것이다. sad의 의미가 이렇게 다르게 해석되는 것은 주어 때문이다. a의 'I'와 b의 'the movie'는 술부인 be sad에 대한 의미상의 역할(semantic role)이 다른 것이다.

이 의미상의 역할을 관점으로 할 때, '슬픔을 직접 느끼는 당사자'인 I는 '경험자격(experiencer)'으로, '제3자에게 슬픔을 느끼게 하는 작용'을 하는 the movie는 '자극격(stimulus)'[1] 으로 분류할 수 있다.

---

1) <격>이라면, 우리에게 익숙한 것은 문법상의 격이다. 문법상의 격은 한 문장에서 명사 또는 대명사가 다른 낱말과 갖는 문법상의 관계를 나타내는 범주로, 주어가 되는 (대)명사는 주격, 동사나 전치사의 목적어에 해당하는 (대)명사는 목적격으로 분류된다.
그런데 I와 the movie가 그저 주격에 속한다는 설명만으로는 위에서 설명한 바와 같은 (1)의 a와 b의 차이가 드러나지 않는다. 한 문장을 문법적으로 분석하고 기술함에 있어, 술어동사(be+형용사 포함)에 대한 (대)명사의 의미 역할의 명세화를 핵심으로 하는 문법이론이 '격문법(Case Grammar)'이다. 격문법은 1960년대 말기부터 1970년대 초기에 걸쳐 C.J. Fillmore(1968, 1971)에 의해서 제의되고

5.2 love vs. please

1. 앞에서 예를 들었듯이 sad는 경험자격을 주어로 삼을 수도 있고, 자극격이 주어가 될 수도 있다. 그런데 동사/형용사 가운데는 경험자격만이 주어가 되는 것이 있고, 자극격만이 주어가 되는 것이 있다. 예를 들어보자.

경험자격		자극격
He	loves	that color.
I	can't stand	the heat.

love나 can't stand는 사랑하거나 역겨움을 직접 느끼는, 그러니까 경험자격만이 주어가 되기 때문에, 다음 ②~③은 비문법적이다.

② *That color **loves** him.
③ *The heat **can't stand** me.

love나 can't stand처럼 경험자격을 주어로 삼고 자극격을 목적어로 삼는 동사로는 다음이 있다.

admire	dislike	dread	enjoy
fear	hate	like	miss
mind	regret	resent	respect

2. 한편 다음 동사는 자극격을 주어로 삼고 경험자격을 목적어로 삼는다.

자극격		경험자격
The present	pleased	John.
That	doesn't bother	me.

발전된 문법이론인데, 위에서 언급한 경험자격과 자극격 등의 용어는 이 격문법에 나오는 용어를 원용한 것이다.

please나 bother는 남에게 어떤 감정을 일으키게 하는 자극격을 주어로 삼고, 어떤 감정을 느낄 수 있는 경험자격을 목적어로 삼는다. 그러므로 다음 ④와 ⑤는 비문법적이다.

④ *John **pleased** the present.
⑤ *I don't **bother** that.

please나 bother와 비슷한 특성을 갖는 동사는 다음과 같다.

amuse	annoy	appall	bore
charm	delight	depress	disappoint
disgust	excite	fascinate	frighten
horrify	impress	interest	irritate
offend	relieve	satisfy	scare
shock	surprise	thrill	worry

5.3 surprised vs. surprising

바로 위에 나오는 동사의 하나인 surprise를 예로 들어보자.
surprise의 과거분사(-ed형)와 현재분사(-ing형)는 다음과 같은 구문을 만든다.

⑥ a. I was $\left\{ \begin{array}{l} \text{*surprising} \\ \text{surprised} \end{array} \right\}$ at the news.

b. The news was $\left\{ \begin{array}{l} \text{surprising.} \\ \text{*surprised.} \end{array} \right.$

⑥은 surprise의 경우, 과거분사는 경험자격을 주어로 삼고, 현재분사는 자극격을 주어로 삼음을 보여준다.
이 surprise의 분사와 특성이 비슷한 예로는 다음이 있다.

경험자격 + (be)
- shocked
- thrilled
- interested
- amused
- excited
- depressed
- bored
- confused

자극격 + (be)
- shocking
- thrilling
- interesting
- amusing
- exciting
- depressing
- boring
- confusing

5.4 pleased vs. pleasant

그러나 앞에서 예시한 동사들 가운데는 경험자격이 주어인 경우에는 -ed 형을 사용하지만, 자극격을 주어로 할 때에는 -ing형 이외에 또는 -ing 대신에, 다른 파생어를 쓰는 것이 있다.

A: 경험자격을 주어로 삼는 분사
B: 자극격을 주어로 삼는 분사/파생형용사

A	B
be pleased	be pleasing / be pleasant / be pleasurable
be delighted	be delightful
be satisfied	be satisfying / be satisfactory
be scared	be scary
be horrified	be horrifying / be horrible
be irritated	be irritating / be irritant
be bothered	be bothersome
be impressed	be impressing / be impressive

5.5 relieved vs. a relief

그런가 하면 자극격이 주어가 될 때 -ing형이나 기타 (파생) 형용사 대신에 파생 명사가 쓰이는 것도 있다. 동사 relieve(안심시키다)의 파생 명사인 relief가 이 경우에 해당한다.

A	B
be relieved	be a relief
(He **was** very much **relieved** to see her back.)	(That she came back safe **was** a **relief**.)

5.6 -ful vs. -able

다음은 경험자격이 주어가 되든 자극격이 주어가 되든, -ed형이나 -ing형이 아닌 다른 형용사가 쓰이는 예이다. (다음부터 be 동사는 생략)

A	B
respectful	respectable
regretful	regrettable

respectful이나 regretful은 경험자격이 주어가 되기 때문에 '주어가 남에게 존경심이나 유감의 뜻을 갖는다'는 뜻을 나타내고 respectable 이나 regrettable은 자극격이 주어가 되기 때문에 '주어가 남에게 존경심이나 유감의 뜻을 일으키게 한다'는 뜻을 갖는다.

delight의 파생어의 경우에는 -ful이 부가된 delightful이 자극격을 주어로 삼는 B에 속하는데, respect나 regret의 경우엔 -ful이 부가된 respectful이나 regretful이 경험자격을 주어로 삼는 A에 속하는 점은 유의할 만하다.

　다음은 그 접미사의 종류가 다양하기 때문에 자칫하면 그릇된 유추를 유발하기 쉬운 예이다. 어미가 -ing로 끝나는 forgiving이 자극격이 아닌 경험자격을 주어로 삼는 점도 유의할 만하다.

A	B
forgetful	forgettable
forgiving	forgivable
contemptuous	contemptible
desirous	desirable

　다음은 무슨 뜻일까?

⑦ The sea is *irresistible* in the summer.

　사전을 찾아보면 irresistible에는 '저항할 수 없는'이란 뜻이 나와 있다. 그러므로 이 문장은 흔히 다음과 같이 번역된다.

⑧ 바다는 여름에는 저항할 수가 없다.

　그러나 ⑦의 뜻을 명쾌하게 전달하기에는 ⑧은 좀 아리송하다. ⑧이 아리송하다면, 그것은 바다가 저항하는 주체처럼 보이기 때문이다. irresistible은 자극격을 주어로 삼는다. irresistible은 '주어가 저항을 하지 못한다'란 뜻이 아니라, '주어가 남으로 하여금 주어에 대해서 저항을 하지 못하게 만든다'란 뜻을 갖는 것이다. 그러므로 ⑦은 ⑨로 풀어쓸 수 있고, 이렇게 풀어써 보면 그 뜻이 분명해진다.

⑨ The sea is *irresistible* in the summer.
　　→ We cannot resist going to the sea in the summer.
　　　(여름에는 바다에 가지 않고는 배기지 못한다.)

5.7 sad, suspicious, weary

앞서 언급한 sad처럼 경험자격이나 자극격을 모두 주어로 삼을 수 있는 형용사로는 suspicious, weary 등이 있다.

⑩ a. People are often **suspicious of** strangers.

   b. He died in **suspicious** circumstances.

⑪ a. If you are **weary**, you are very tired.

   b. If you describe an experience as **weary**, you mean that it makes you tired or bored.

⑩a의 *suspicious*는 *not trusting*(의심하다)이란 뜻을, b의 *suspicious* 는 *causing one to suspect*(의심스럽다)란 뜻을 나타낸다.

⑪의 경우는 주절이 설명해주듯이 a는 '피로감을 느끼다'란 뜻이고 b는 '피로하게 만들다'란 뜻이다.

> **참고**

1. 문장의 구조와 의미를 좀 더 효과적으로 이해하는 데 있어, 그 문장을 구성하는 명사가 나타내는 <u>의미상의 역할</u>(또는 의미격(semantic cases))이란 개념을 원용할 수 있는 예를 좀 더 들어보면 다음과 같다.

① dig $\begin{cases} \underline{\text{the ground}} \\ \underline{\text{a hole}} \end{cases}$

문법상으로는 the ground나 a hole이 똑같은 목적어이고 목적격에 속하지만 의미상으로는 the ground는 dig의 '대상'에 해당하고 a hole 은 땅을 파서 형체를 드러낸 '결과'에 해당한다. 의미격을 적용시킨다 면, the ground는 '대상격(patient)', a hole은 '결과격(result)'으로 분류 된다.

　다음 ②의 paint도 dig와 특성이 같다. a의 '문에 페인트칠을 하다'에서의 the door는 paint에 대해서 대상격(patient)이 되지만, b의 '초상화를 그리다'에서의 a portrait은 paint에 대해서 '결과격'이 된다.

②　a. paint <u>the door</u> (대상격)
　　b. paint <u>a portrait</u> (결과격)

　다음 ③의 목적어도 a와 b에서 술어동사와의 의미 역할이 서로 다르다.

③　a. They loaded <u>potatoes</u> onto <u>the truck</u>.
　　　　　　　　　　대상격　　　　　　장소격
　　b. They loaded <u>the truck</u> with <u>potatoes</u>.
　　　　　　　　　　장소격　　　　　　대상격

　③은 load가 대상격과 장소격(location)을 다 목적어로 삼을 수 있는 특성을 갖는 것을 보여준다. a와 b 사이에는 어떠한 차이가 있을까? a와 b가 '감자를 차에 실었다'란 의미는 공유하지만, '차에 <u>가득히</u>…'란 뜻을 나타내는 것은 장소격이 목적어의 자리를 차지하는 b에 한한다. plant도 load와 특성이 같다.

④　a. plant trees in the garden
　　b. plant the garden with trees

　④는 a와 b가 다 어법에 맞지만, ⑤의 경우에는 b가 비문법적이다. '한 그루의 나무로 정원을 <u>가득히</u> 채울 수'는 없기 때문이다.

⑤　a. plant a tree in the garden
　　b. *plant the garden with a tree

load나 plant가 대상격과 장소격을 다 목적어로 삼을 수 있는 동사
라면, bang은 대상격과 도구격(instrument)을 다 목적어로 삼을 수 있
는 동사이다.

⑥ a. He banged <u>the table</u> with <u>his fist</u>.
            대상격   도구격
   b. He banged <u>his fist</u> on <u>the table</u>.
            도구격   대상격

다음 ⑦은 어떨까?

⑦ a. <u>The door</u> opened. (대상격)
   b. <u>John</u> opened the door. (동작주격)
   c. <u>This key</u> opened the door. (도구격)

⑦은 동사 open이 대상격, 동작주격, 도구격을 다 주어로 삼을 수
있음을 보여준다. ⑧은 어떨까?

⑧ a. <u>This sleeping bag</u> is very warm.
   b. (Please open the window.) <u>This room</u> is too warm.
   c. <u>The soup</u> is warm.

동일한 warm을 술부로 삼지만, 술부에 대한 주어의 의미 역할은
a~c가 서로 다르다. a는 도구격, b는 장소격, c는 대상격으로 분류할
수 있다. ⑨는 어떨까?

⑨ a. <u>Tom</u> regrets your behavior.
   b. <u>Tom</u> angered Mary.
   c. <u>Tom</u> broke the window.
   d. <u>The loss of blood</u> killed him.

a의 Tom은 '경험자격'이고 b의 Tom은 '자극격'이다. c의 Tom은 '동작주격(agent)'이다. '동작주격'은 '당사자의 의지에 따라 행동을 통제할 수 있는 주체'를 가리킨다. d의 The loss of blood는 '원인격 (cause)'이다. The loss of blood가 '원인격'이기 때문에 d를 우리말로 옮기면 '피를 많이 흘려서 그는 죽었다'가 된다.

⑩　a. The hunter killed a lion.
　　→ b. A lion was killed by the hunter.
⑪　a. Her behavior surprised Tom.
　　→ b. Tom was surprised at her behavior.

⑩과 ⑪에서 a를 b로 바꾸면 hunter 앞에는 by가 쓰이는데 ⑪에서는 her behavior 앞에 at이 쓰이는 것도 동작주격을 나타내는 주어(the hunter)와 자극격을 나타내는 주어(Her behavior)의 차이로 설명이 된다.2)

---

2) 반복이 되지만 이 (참고)는 문장의 구조와 의미를 좀 더 효과적으로 이해하는 데, 명사의 의미상의 역할(또는 의미격(semantic case))이란 개념을 응용할 수 있는 예를 들어본 것으로, 격문법 자체의 설명을 목적으로 한 것은 물론 아니다. 격문법은 문장의 분석과 기술에서 명사의 의미 역할을 명세화했다는 공이 있지만, 문제점이 없는 것은 아니다. 당장 '의미 역할(또는 의미격)'을 몇 가지나 설정하여야 할 것인가'란 문제가 있다. 이 문제에 관해서 격문법학자들의 견해가 반드시 일치하는 것은 아니다. 또한 그렇게 설정한 의미 역할을 부르는 명칭도 반드시 통일이 되어 있지는 않다. 예를 들어 patient는 objective, object, affected로 불리기도 하고, location은 locative로도 불린다.

05

Exercises

1. 문맥에 맞도록 다음 괄호 안의 동사의 어형을 바꾸시오.

(1) You should be more (respect) of other people's points of view.

(2) She's one of the most (delight) child I have seen.

(3) I must say it was a (regret) mistake.

(4) ('Resist') means 'impossible to resist especially because of strength or attractiveness'.

(5) It's (amaze) how many adults in this country don't know how to read.

(6) I try not to let her make me (upset).

(7) Mary has heard him make this kind of pronouncement too often to be (impress) by it.

(8) She said in a (please) business-like voice.

(9) I don't know what I'm saying. I feel so (bewilder) — so utterly lost.

(10) I'm just so (thank) she's been spared more suffering.

Chapter 6
명사의 단수와 복수
─ 헷갈리기 쉬운 것들

6.1 police는 단수일까, 복수일까?

police는 복수이다. 겉으로는 복수임을 나타내는 형태상의 표시가 전혀 없는 police가 어째서 복수일까? police가 복수인 것은 police가 많은 경관이 모여서 만들어진 집합체이기 때문일 것이다. cattle도 복수인데, cattle이 복수인 것도 cattle이 가축의 집합체이기 때문이다. 그런데 집합체라면, '위원(committee member)들의 집합체'인 committee도 복수여야 하지만, committee는 단수이다. committees란 복수형이 있는 것이다. family도 committee와 특성이 같다.

명사를 보통명사, 집합명사, 물질명사, 고유명사, 추상명사로 분류하는 경우는 police, cattle, committee, family를 하나로 묶어서 똑같은 집합명사로 분류한다. 하지만 police, cattle과 committee, family는 특성이 다른 것이다.

다시 한 번 정리를 하자면, 같은 집합명사에 속하지만 police/cattle과 committee/family는 다음과 같은 점이 다르다.

1. police, cattle: 단수형과 복수형이 따로 없다. 부정관사 'a(n)'을 부가할 수 없고, 동사는 복수형이 쓰인다.

① The **police were** called in to deal with the riot.
② **Cattle were** sold for next to nothing.

2. committee: ③과 ④처럼 단수형과 복수형이 따로 있다. 단수형이
주어인 경우 동사는 문맥에 따라 ③과 ⑤처럼 단수형이 쓰이거나 ⑥처
럼 복수형이 쓰인다.

③ The management **committee meets** regularly.
④ How many **committees** are there in your department?
⑤ A special **committee was** set up to study the disease.
⑥ The whole **committee are** very grateful to you.

③과 ⑤에서 동사의 단수형이 쓰인 것은 committee가 '하나의 집합
체'이기 때문이고, ⑥에서 동사의 복수형이 쓰인 것은 committee가
'위원회를 구성하는 위원 하나하나가 모두'란 뜻을 나타내기 때문이다.
영국영어에서는 ③의 술어동사로 흔히 복수형이 쓰인다.

③ The management **committee meets** regularly.
③' → The management **committee meet** regularly.

family도 committee와 특성이 같다. ⑦의 family는 '하나의 집합체
로서의 가족'을 뜻하고 ⑧의 family는 '가족 구성원의 하나하나가 모
두'란 뜻을 나타낸다.

⑦ **My family is** large.
⑧ **My family are** all tall.

3. 그런데 police와 cattle은 특성이 같다지만, police는 ⑨처럼 쓰일
수 있는 반면, cattle은 ⑩a처럼 쓰이지 않는다. ⑩a는 ⑩b로 고쳐야
한다. ⑩b가 보여주듯이 가축의 수((몇) 마리)를 나타낼 때의 head는
복수명사이다. -s를 부가하지 않는 것이다.

⑨ **Over five hundred** police were called in to deal with the riot.
⑩ a. *****Five cattle** were sold.

   (cf. **Five cows/pigs** were sold.)

   b. **Five head of cattle** were sold.

　police는 five hundred와 같은 숫자와 함께 쓰일 수 있는 점에서는 '사람들'이란 뜻을 나타내는 경우의 people과 용법이 비슷하다. '사람들'이란 뜻을 나타내는 people도 단·복수형이 따로 없고 동사는 복수형을 쓰는 것이다. 하지만 police의 경우는 500이나 1,000처럼 '많은 수의 경찰력'을 나타낼 때만 숫자를 부가할 수 있고, people은 two, three와도 함께 쓰이기 때문에, police와 people도 용법이 다른 것이다. two, three처럼 소수를 나타내는 숫자를 부가하여야 하는 경우 police는 police officer가 쓰인다.

⑪ *****two police → two police officers
⑫ two
　 two hundred 〉 people
　 many

6.2 personnel은 단수일까, 복수일까?

　personnel은 '인원'이란 뜻으로도 쓰이고 '인사과'란 뜻으로도 쓰인다. '인원'이란 뜻을 나타낼 때의 personnel은 '사람들'을 나타낼 때의 people처럼 복수를 나타낸다.

　'사람들'이란 뜻을 나타내는 people은 복수명사지만, '국민'이란 뜻을 나타낼 때의 people은 부정관사와 함께 쓰일 수도 있고, 복수형을 만들 수도 있다.

⑬　We Koreans are **a** proud, dignified **people**.

⑭　**Peoples** from Central Asia came to settle here.

대조적으로, '인원'을 나타내는 personnel은 '인사과'란 뜻으로 쓰이는 경우는 불가산 명사이다. 즉, 복수형을 만들지 않는다. 하지만 동사로는 단수형과 복수형이 다 쓰인다.

⑮　Military **personnel are** stationed in this area.

⑯　**Personnel is/are** currently reviewing pay scale.

　　(현재 인사과에서는 급여등급표를 검토 중이다.)

police나 cattle처럼 복수로만 쓰이는 명사로는 trousers, pants, pincers, scissors, glasses…도 있다. 그런데 이 낱말들은 어째서 복수일까? 어미가 ‐(e)s로 끝나기 때문일까? 또는 똑같은 모양을 한 두 부분이 합쳐져서 하나의 세트를 만들기 때문일까? trousers, pants, pincers, scissors, glasses…가 형태상 trouser, pant, pincer, scissor, glass의 복수형이 아닌 것만은 확실하다.

6.3　어미가 -s로 끝나는 것들

알다시피 trousers, pants, pincers, scissors, glasses…는 수를 나타낼 때 보통 a pair of, two pairs of…을 쓴다. 숫자와 바로 결합을 하지 못하는 것이다.

⑰　I bought **two pairs of trousers**.

　　(← *I bought two trousers.)

단서를 붙이자면 two trousers는 비문법적이지만 다음과 같은 문장이 쓰이기는 한다.

⑱　I need **new glasses**.

⑲　I need **some small binoculars**.

그런데 이 a pair of…을 쓰는 명사에는 socks나 shoes도 있다. 하지만 trousers, scissors…가 복수형으로만 쓰이는 것과는 달리, socks나 shoes는 sock과 shoe의 복수이다.

trousers와 socks는 무엇이 다를까? 차이를 찾아보자면, trousers는 한 세트를 만드는 두 부분이 분리가 되어 있지 않은 데 반해, socks는 두 개가 한 세트를 만들기는 하지만 분리가 되어 있다. sock은 양말 한 켤레의 한 쪽을 의미하는 것이다.

영어의 명사 가운데는 어미가 -s로 끝나기 때문에 복수가 아닌데도 복수처럼 보이는 것이 있고, 실제로 복수이기는 하지만 그것이 어미의 -s와는 무관한 것도 있다.

physics, maths, mathematics, linguistics, phonetics, phonics, politics, economics, statistics 등 교과, 학과명도 어미가 -s로 끝나지만 대부분의 경우는 불가산명사로 쓰인다. arithmetic, logic 등 -s로 끝나지 않는 교과, 학과명도 있다.

⑳　**Mathematics** is my best school subject.

그런데 '대부분의 경우'란 단서를 붙인 것은 위의 명사 가운데 일부는 복수로도 쓰이기 때문이다.

1. politics는 '정치, 정치학'이란 뜻을 나타낼 때는 단수로 쓰이지만, 복수로 쓰이는 경우는 '정치적 신념과 견해'를 뜻한다. economics도 단수로 쓰이는 경우는 '경제학'을 뜻하지만 복수로 쓰이는 경우는 '경제적 측면'을 뜻한다. statistics 역시 '통계학'을 뜻할 때는 단수지만, '실제적인 통계수치'를 나타낼 때는 복수가 쓰인다.

㉑ **Politics/Economics does** not interest me.

㉒ His **politics are** rather conservative.

㉓ The **economics** of the project **are** very encouraging.

㉔ **Statistics is** a branch of mathematics.

㉕ **Statistics show** the economy is continuing to grow.

ethic의 단수와 복수는 다음과 같이 의미가 다르다.

단수: 1) 윤리, 도의, 도덕률(=a general principle or belief that affects
the way people behave)

— 부정관사 'a(n)'와 함께 쓰이지만 복수형은 만들지 않
는다.

복수: 1) 윤리학

— 불가산 명사

2) 옳고 그름을 가리는 여러 규칙이나 원칙(= moral rules of
or principles for deciding what is right and what is wrong)

— 동사는 복수형을 쓴다.

3) 직업윤리를 나타낼 때도 복수를 쓴다.

㉖ professional **ethics**, medical **ethics**

어미가 −s로 끝나지만 불가산명사로 쓰이는 명사로는 위에서 예거
한 학과, 학문명 외에 체육과 관련된 athletics, gymnastics, 질병과 관
련된 measles, mumps, 게임과 관련된 billiards 등이 있다.

2. whereabouts란 말이 있다. '행방(the place where a person or
thing is)'이란 뜻을 나타내는데, whereabouts는 단수일까, 복수일까?
whereabouts가 주어로 쓰인 예문으로는 다음이 있다.

㉗ The escaped prisoner's **whereabouts is/are** unknown.

whereabouts는 부정관사와 함께 쓰이지도 않고 복수형을 만들지도 않는 불가산명사이다. 그런데도 술어동사로는 단수형을 써도 좋고 복수형을 쓸 수도 있다. whereabouts가 의미상 복수처럼 느껴지기 때문일까? 어미의 -s 때문일까?

3. barracks란 말이 있다. barracks는 '막사(a large building or group of buildings for soldiers to live in)'를 뜻한다. barracks는 단수일까, 복수일까? barracks는 가산명사이다. 그런데 단수와 복수가 동형이다. 단수인 경우에도 어미에 -s가 붙는 것이다. 단·복수형이 똑같이 -s로 끝나는 명사로는 그 밖에 series, species, works 등이 있다.

6.4 sky

the earth나 the sun이 당연히 단수인 것처럼 the sky도 단수로 간주하기 쉽다. 하지만 sky는 부정관사와 함께 쓰이기도 하고 복수형을 만들기도 한다.
OALD(2000)에는 다음과 같은 설명이 나와 있다.

You usually say **the sky**. When **sky** is used with an adjective or adjective phrase, use **a _____ sky**. You can also use the plural form **skies,** especially when you are thinking about the great extent of the sky.

(통상적으로 '하늘'은 the sky로 나타내지만, 형용사나 형용사구의 수식을 받을 때는 부정관사＋형용사＋sky를 쓴다. 또한 한없이 뻗어있는 하늘의 광대함을 염두에 두고 말할 때는 the skies가 쓰이기도 한다.)

The skies above London were ablaze with a spectacular firework display.
(런던의 하늘은 눈이 부신 장관의 불꽃놀이로 불타는 듯했다.)

LDOCE(2016)는 설명이 조금 다르다.

sky 1. [singular, U] the space above the Earth where clouds and the Sun and stars appear
2. skies [plural] a word meaning 'sky', used especially when describing the weather or what the sky looks like in a place
(복수형인 skies는 특히 날씨와 관련을 지어 말하거나 특정한 장소에서의 하늘 모습을 나타낼 때 쓰인다.)

a land of blue **skies** and warm sunshine
The **skies** were overcast, and it was chilly and damp.

the moon은 어떨까?
<지구 주위를 공전하고, 밤에 빛을 발하는 천체>로서의 '달'은 보통 the와 함께 쓰이고, 대문자로 시작하기도 한다.

㉘ the Moon/the moon

반면에 천체 자체보다는 모양에 초점을 맞추어, 특정한 시기에 특정한 모양으로 나타나는 달을 묘사할 때는 '부정관사 + 형용사 + moon'이 쓰인다.

㉙ **a** crescent moon (초승달), **a** full moon (만월)

moon은 지구가 아닌 다른 행성의 주위를 공전하는 위성(satellite)

을 가리키기도 한다. 이 위성을 가리키는 moon은 복수형을 만들 수 있다.

③⓪ How many **moons** does Jupiter have?

6.5 a think

웬만한 문법책에 다 나와 있듯이 명사는 수를 기준으로 기본적으로 다음과 같이 구분된다.

(1) 가산명사(countable/count noun): 부정관사 'a(n)'와 함께 쓰이고 복수형을 만든다.

book, boy, brother, hour, idea…

(2) 불가산명사(uncountable/non−count noun) 부정관사와 함께 쓰지 않고, 복수형을 만들지 못한다.

water, money, iron, information, news…

그렇다면 다음에 나오는 a think는 부정관사와 함께 쓰였으니 가산명사에 속하는 것일까? 부정관사와 함께 쓰이기는 하지만 복수형을 만들지는 못하니까 불가산명사일까? '한정된 자격의 가산명사'라고 부르는 것이 타당할까? '특정한 문맥에 한해서 부정관사와 함께 쓰이는 불가산명사'라고 해야 할까?

③① I'll have **a think** about this before I give you an answer.

education이나 knowledge도 흔히는 불가산명사로 쓰이지만 형용사의 수식을 받는 경우 부정관사가 붙기도 한다. 하지만 복수형을 만들지는 못한다.

③② My parents want me to have **a good education**.
③③ She has **a first class knowledge** of German.

그런데 education이나 knowledge 같은 추상명사는 형용사의 수식을 받는 경우, 부정관사와 함께 쓰이지만, weather나 health는 아무리 형용사의 수식을 받아도 부정관사와 함께 쓰이지 않는다.

㉞ very **good health**

㉟ **terrible weather**

weather는 불가산명사이면서도 *in all weathers*와 같은 관용구를 만든다.

영문으로 된 추천사(a letter of recommendation)는 형식상 흔히 다음과 같이 시작한다.

㊱　a. It gives me **great pleasure** to recommend Mr. X as a most qualified applicant for…

　　b. It is **a great pleasure** for me to recommend Mr. X as a most qualified applicant for…

a와 b는 의미상 큰 차이가 없는데, a에서는 pleasure가 불가산명사로 쓰였고 b에서는 가산명사로 쓰였다. a의 pleasure는 '즐거움'을 뜻하고 b의 a pleasure는 '즐거운 일'이란 뜻인 것이다.

delight, disappointment, joy, sorrow 등도 pleasure와 용법이 비슷하다. '감정' 자체를 나타낼 때는 불가산명사로 부정관사 없이 쓰이고, '감정을 일으키게 하는 것(사람 또는 사물)'을 나타낼 때는 부정관사 'a(n)'를 부가할 수도 있고 복수형을 만들기도 한다.

㊲　a. I read your new book with **delight**.

　　b. Your new book was **a** great **delight**.

㊳　a. The representatives acknowledged their **disappointment** with the negotiation.

　　b. I always felt that I was **a disappointment** to my father.

㊴ a. She wept for **joy**.

㊵ a. I felt **sorrow** at the death of my friend.

b. Life has many **joys** and **sorrows**.

displeasure나 anger는 불가산명사로만 쓰인다.

regret은 '유감'이라는 감정을 나타내는 경우는 ㊶처럼 불가산명사로 쓰이는데, 특정한 문맥에서는 ㊷처럼 복수형으로 쓰인다.

㊶ It is with deep **regret** that we have to inform you of the death of your son.

㊷ I can't come — please give them my **regrets**.

복수형의 regrets는 흔히 '애석하지만 회합에 나가지 못한다거나 초대에 응하지 못한다'는 인사를 전달할 때 쓰인다. 인사라면 '축하'를 뜻하는 congratulation도, '축하합니다'라는 축하인사로는 복수형 congratulations!를 쓴다.

pity는 불가산명사로 쓰이는 경우는 '연민, 동정'을 뜻하는데 부정관사와 함께 쓰이는 경우는 '연민'과는 다른 '애석한 일, 유감스런 일'을 뜻한다.

㊸ I listened to his story with **pity**.

㊹ It is a **pity** that he didn't accept my offer.

hope는 어떨까? hope는 hope, a hope, hopes가 다 쓰이는데, 용법이 어떻게 다를까? 추상적인 의미를 나타내는 '희망/바람'은 통상적으로 부정관사 없이 단수형이 쓰인다.

㊺ Don't give up **hope**.

하지만 '(실현될 가능성이 높은) 희망/바람'으로는 hopes가 쓰인다.

㊻   We have great/high **hopes** of his doing well in the future.

(어떤 희망/바람이 실현될) 가능성(=chance, possibility)을 나타내거나
'희망 <u>사항</u>'을 나타낼 때는 부정관사와 함께 쓰이고 복수형도 만든다.

㊼   There is not **a hope** that she will change her mind.
㊽   All my **hopes** have been fulfilled.

참조

문용, 고급영문법해설(2017). Chapter 7. 명사.

06

Exercises

1. '수'의 관점에서 다음 명사의 특성을 설명하시오.

(1) advice

(2) fruit

(3) time

(4) enemy

(5) age

Chapter 7
문장부사의 풀어쓰기

7.1 obviously와 seriously

문장부사(특히 내용부사로 불리는 부사)[1])는 흔히 다음과 같이 다른 구문으로의 풀어쓰기가 가능하다. 또한 이와 같이 풀어써보면 문장부사의 의미와 기능이 분명해지기도 한다.

1. <u>It is + 형용사 + that…</u>으로 바꾸어 쓸 수 있는 문장부사

①   a. It's **obviously** a foolish question.
    → b. **It is obvious that** it's a foolish question.
②   a. **Clearly,** he is behaving well.
    → b. **It is clear that** he is behaving well.

위와 같이 b의 문형으로 풀어쓸 수 있는 문장부사는 다음과 같다.
clearly, evidently, obviously, arguably, definitely, possibly, probably
위에 예시한 ①, ②와 관련해서 다음 ③은 유의할 만하다.

---

1) 문장부사란 문장 전체에 걸리는 부사를 말한다. 문장부사는 내용부사와 문체부사로 분류된다. 내용부사란 화자의 입장에서 해당 문장의 내용(content)에 대한 확실성의 정도와 주관적인 가치평가를 나타내는 부사를 말하고, 문체부사란 화자의 입장에서 해당 문장이 어떤 표현 방식으로, 어떤 관점에서 말해졌는지를 설명해주는 부사를 말한다.(⇒ 문용(2017: 393~394))

③ a. **Seriously**, he hasn't got a job.

≠ b. **It is *serious*** that he hasn't got a job.

①~②와는 달리 ③은 a와 b의 의미가 다르다. a가 '농담이 아니라 진담인데, 그에게는 직장이 없다'라는 뜻인 데 반해서 b는 '그에게 직장이 없다는 것은 중대한 문제이다'란 뜻인 것이다. 즉, 같은 문장부사지만 obviously나 clearly는 내용부사에 속하고, seriously는 문체부사에 속한다. 문체부사는 It is + 형용사 + that …으로 풀어쓰지 못한다.

한편 다음과 같은 It is + 형용사 + that … 구문은 형용사를 부사로 바꾸어 문장을 고쳐 쓸 수 없다. badly나 falsely는 동사를 수식하는 양태부사로 쓰이지, 문장부사로는 쓰이지 않는 것이다.

④ It is $\left\{ \begin{array}{l} \text{bad} \\ \text{false} \end{array} \right\}$ that he hasn't got a job.

→ $\left\{ \begin{array}{l} \text{*Badly,} \\ \text{*Falsely,} \end{array} \right\}$ he hasn't got a job.

7.2 surprisingly

2. It is + 형용사 + for + to…의 구문으로 바꾸어 쓸 수 있는 문장부사

⑤ a. She **surprisingly** passed the test.

→ b. **It is surprising for** her **to** have passed the test.

⑤처럼 It is + 형용사 + for + to…의 구문으로 바꿀 수 있는 문장부사에는 다음이 있다.

A: amazingly, interestingly

B: curiously, oddly, strangely, understandably

위에 예시한 부사 가운데 A에 속하는 부사는 다음 c와 같은 구문으로 바꾸어 쓸 수도 있다.

⑤   a. She **surprisingly** passed the test.
     → c. **It surprised me** that she passed the test.

(유의)

위에 예로 든 A와 B의 문장부사들은 <u>It is … that …</u> 구문으로 바꾸어 쓸 수도 있다.

She **surprisingly** passed the test.
→ **It is surprising that** she passed the test.

7.3 happily

3. <u>I am + 형용사 + that…</u>으로 바꾸어 쓸 수 있는 문장부사

⑥   a. **Happily,** he did not die.
     → b. I **am happy that** he did not die.

⑥처럼 <u>I am + 형용사 + that…</u>으로 바꾸어 쓸 수 있는 문장부사에는 다음이 있다.

happily, unhappily, hopefully, thankfully

그런데 형용사 glad, grateful 등은 ⑦, ⑧과 같은 구문을 만들 수 있지만, 그에 상응하는 문장부사는 없다.

⑦ a. **I am glad/grateful that** he hasn't lost his job.
→ b. ***Gladly/*Gratefully**, he hasn't lost his job.

gladly나 gratefully는 양태부사로만 사용될 뿐, 문장부사로는 쓰이지 않는다. 그런데 한편 gratefully와 달리, thankfully는 양태부사로 쓰이지만 문장부사로도 쓰인다. 그리고 문장부사로 쓰이는 thankfully는 ⑩b와 같은 문형으로 풀어쓸 수가 있다.

⑧ She smiled **gratefully** at th waiter. (양태부사)
   (그녀는 고맙다는 듯이 웨이터를 보고 미소를 지었다.)
⑨ They **thankfully** accepted your warm gifts. (양태부사)
⑩ a. **Thankfully,** the boys are safe. (문장부사)
   → b. **I am thankful** that the boys are safe.

문장부사인 happily처럼 I am…으로 시작하는 구문으로 풀어쓸 수 있는 문장부사에는 certainly도 있는데, certainly는 다음처럼 b 외에 c로도 풀어쓰기가 가능하다.

⑪ a. **Certainly,** we will defeat them.
   → b. **I am certain** that we will defeat them.
   → c. **It is certain** that we will defeat them.

7.4 주어 지향적 문장부사

주어 지향적인 문장부사로는 대표적으로 foolishly가 있다. foolishly를 포함하는 주어 지향적 문장부사는 다음과 같은 두 가지 구문으로 풀어 쓸 수 있다.

⑫ a. **Foolishly,** he answered the questions.

 → b. **He was foolish to** answer the questions.

 → c. **It was foolish of** him **to** answer the questions.

7.5 reportedly류

문장부사 reportedly는 문장 내용의 사실성 여부 또는 확실성 여부의 판단 기준이나 근거가 화자가 아닌 제3자에게 있음을 나타내는 경우에 쓰는 부사이다. reportedly는 다음과 같이 풀어 쓸 수 있다.

⑬ a. **Reportedly,** they have taken the job.

 → b. **It is reported** that they have taken the job.

위와 같이 풀어 쓸 수 있는 문장부사로는 reportedly 이외에 admittedly, supposedly, allegedly 등이 있다.

7.6 -bly류

어미가 -bly로 끝나는 문장부사에는 unaccountably, unarguably, preferably, regrettably 등이 있는데, 이와 같은 부사는 다음과 같이 동사를 이용한 풀어쓰기가 가능하다.

⑭ a. **Unaccountably,** he declined your invitation.

 → b. We **cannot account for the fact** that he declined
   your invitation.

⑮ a. **Unarguably,** the living cost is high.

  (생활비가 비싸다는 데는 논란의 여지가 없다.)

 → b. **We cannot argue against the fact** that the living
   cost is high.

unaccountably를 동사를 이용하여 풀어 쓸 때 we cannot account 다음에 for the fact가 필요한 것은 유의할 만하다. 구동사 account for는 목적어로 명사구를 수반하며 that절을 수반하지 못한다.

⑯   a. **Unaccountably,** he declined your invitation.
   → b. *We **cannot account (for) that** he declined your invitation.

We cannot account (for) that…은 비문법적이지만, 수동형으로 쓰인 다음은 문법적이다.

⑰ That he declined your invitation **cannot be accounted for.**

⑮b는 against the fact를 삭제하면 그 의미가 다음과 같이 달라진다.

⑱ We **cannot argue** that the living cost is high.
   (생활비가 비싸다고 우길 수는 없다.)

다음은 preferably나 regrettably의 경우이다.

⑲   a. Entries are **preferably** submitted in ink.
      (기입할 사항은 가급적 펜을 사용할 것.)
   → b. **We prefer** that entries be submitted in ink.
   → c. **It is preferred** that entries be submitted in ink.
⑳   a. **Regrettably,** he made the same mistake again.
   → b. **We (must) regret** that he made the same mistake again.

동사 prefer가 술어동사로 쓰인 경우, that이 이끄는 종속절의 동사는 (should+) 원형이 쓰인다. prefer 앞에 *can*을 부가하지 않으며,

regret의 경우에 굳이 조동사를 부가한다면 *must*가 알맞다.

7.7 문체부사

문체부사 frankly는 다음과 같이 여러 형식으로 풀어 쓸 수 있다.

frankly → (a) in all frankness
        (b) to be frank
        (c) to speak frankly
        (d) to put it frankly
        (e) frankly speaking
        (f) put frankly
        (g) if I may be frank
        (h) if I can speak frankly
        (i) if I can put it frankly

문장부사는 대체적으로 의문문에서는 쓰이지 않지만, frankly는 의문문에도 나타난다. 의문문에 쓰인 문장부사 frankly는 문맥에 따라 다음과 같은 두 가지 형식의 풀어쓰기가 가능하다.

㉑ **Frankly**, isn't she stupid?
   → a. **If I may be frank**, (I would ask:) isn't she stupid?
   → b. **If I may ask you to be frank**, (tell me) isn't she stupid?

그 밖의 문체부사와 이를 풀어 쓴 부사구 사이의 대응 관계는 부사에 따라 다음과 같이 여러 가지로 다르다.

부사	in + 명사형	to be + 형용사형
bluntly	_____	to be blunt
briefly	in brief	to be brief
generally	in general	_____
broadly	_____	_____
_____	in short	_____
_____	_____	to be precise
strictly	_____	_____
truly	in truth	_____

(참조)

Greenbaum, S. 1969. *Studies in English Adverbial Usage.*

07

Exercises

1. 다음 a를 b로 고쳐 쓴 것 가운데 의미가 달라지거나 문법상 맞지 <u>않는</u> 것을 고르시오.

(1) a. **Thankfully**, he donated a lot of money to the foundation.
   → b. **I am thankful** that he donated a lot of money to the foundation.

(2) a. **Frankly,** I don't mind what you do.
   → b. **I am frank** I don't mind what you do.

(3) a. **Generally**, it snows a lot in Korea.
   → b. **It is general** that it snows a lot in Korea.

(4) a. **It is serious** that you made the same mistake.
   → b. **Seriously**, you made the same mistake.

(5) a. **It is possible** that they will get married soon.
   → b. They will get married soon, **possibly.**

2. 다음을 보기에 제시한 문형으로 바꾸어 쓰시오.
   (2개의 문형이 가능할 수도 있음)

> **A.** It is⋯that⋯
> **B.** It is⋯for⋯to⋯
> **C.** I am⋯that

(1) They are **understandably** upset.

(2) No one was injured, **fortunately.**

(3) **Supposedly,** the process causes no environmental damage.

(4) **Hopefully,** things will get better soon.

Chapter 8
어순과 특수구문

I. 도치구문

8.1 도치(倒置, inversion)

도치구문이란 정상적인 구문에서는 주어 다음에 위치하는 조동사나 동사가 주어와 어순이 바뀐 구문을 말한다. 일상적인 도치문으로는 조동사 + 주어로 시작하는 의문문(Yes-No Question)이 있다.

다음 예문에서는 a의 부정어(否定語)인 nothing이 문장의 앞자리로 자리를 옮기자, 조동사도 주어 앞으로 자리를 바꾸어 도치문 b가 만들어졌다.

a. **I could** find nothing.
→ b. *Nothing* **could I** find.

8.1.1 분류

1. 도치구문은 구성상 다음 A와 B로 나누어진다.

A. 조동사가 주어 앞으로 자리를 옮긴 구문
Nothing **could** I find.

B. 동사가 주어 앞으로 자리를 옮긴 구문

High above the city, on a tall column, **stood** the statue of the Happy Prince.

8.1.2 조동사 + 주어…구문

조동사가 주어 앞자리를 차지하는 도치구문은 다음과 같은 경우에 만들어진다.

1. not, never, nothing, nor 등의 부정어나 scarcely, hardly, seldom 또는 little, only 등 부정이나 제한적 의미를 나타내는 어구가 문장의 첫 자리를 차지할 때

① **Nothing** *could* I find.
② **Not** for more than five minutes *did* he hesitate.
③ **Not** a word *did* he say.
④ **Never** *shall* I forget your kindness.
⑤ **No longer** *are* they staying with us.
⑥ **Nowhere** *was* the key to be found.
⑦ **In no circumstances** *must* this door be left open.
⑧ **Hardly/Scarcely** *had* we arrived when the storm broke.
⑨ **Little** *does* she realize the danger she's in.
⑩ **Not only** *did* they break into his office and steal his books, but also they tore up his manuscripts.
⑪ **Only in this way** *is* it possible to explain their actions.

①~⑪처럼 부정어로 시작한 도치구문은 부정어가 나타내는 부정의 뜻을 강조하려는 데 목적이 있다. 그리고 ①~⑪과 같은 도치구문은 주로 '글(writing)'에서 쓰인다. 단, '말(speech)'에서도 도치구문을 만드는데 자유롭게 쓰이는 부정어로는 not, neither가 있고, 특히 구어적

(colloquial) 표현에서 애용되는 부정어로 no way가 있다.

⑫ **No way** *could* I persuade her.

조동사를 주어 앞으로 옮겨서 위와 같은 도치구문을 만드는 요령은 의문문(Yes-No Question)을 만드는 경우와 다르지 않다. 그러므로 도치문의 모체가 되는 문장이 조동사를 포함하고 있지 않는 경우, 도치문을 만들기 위해서는 ⑩처럼 do가 필요하다.

⑩ They not only broke into his office and stole his books…
→ **Not only** *did* they break into his office and steal his books…

또한 다음에 나오는 b~c처럼 모체문이 조동사를 둘 이상 포함하는 경우, 주어 앞으로 자리를 옮기는 것은 첫째 조동사이다. 첫째 조동사에 이와 같은 기능이 있기 때문에 문법이론에서 이 첫째 조동사를 'operator(조작자, 操作者)'라 부르기도 한다. 이 글에서는 편의상 그저 조동사란 용어를 쓰지만, 이 글에 나오는 조동사는 operator를 가리킨다.

a. He **has** watched her.
b. He **has** been watching her.
c. She **has** been being watched.

2. so, neither, nor로 시작하는 절에서
⑬ She was angry, and **so** *was* I.
⑭ She must come and **so** *must* you.
⑮ John did not see the accident, and **neither** *did* Mary.
⑯ I have not been asked to resign, **nor** *do* I intend to do so.

3. than 또는 as가 이끄는 종속절에서

⑰ Oil costs less **than** *would* atomic energy.

⑱ City dwellers have a higher death rate **than** *do* country people.

⑲ Independent agencies are in a better position to offer personal service **than** *are* those tied to big chains.
   (독립적인 사업체는 규모가 큰 연쇄점과 연계가 되어 있는 대리점보다 개인적인 서비스를 더 잘 제공할 수 있는 입장에 있다.)

⑳ She was very religious, **as** *were* most of her friends.

㉑ He looks forward, **as** *does* his wife, to their son's promotion.

⑰~㉑과 같은 도치구문은 종속절에 나오는 주어의 정보 가치가 동사보다 높거나 문법적 구조가 복잡한 경우에 만들어진다.

4. If가 생략된 가정법 구문에서

㉒ *Were* she my daughter,…

㉓ *Had* I realized what you intended,…

㉔ *Should* you change your mind, please let me know.

㉕ *Had* we not spent all our money already,…

8.1.3 동사 + 주어…구문

동사가 주어 앞으로 자리를 옮겨 만들어지는 도치구문에는 다음이 있다.

1. (장소를 나타내는) 부사구 + 동사 + 주어 구문

㉖ **On the platform** *was* a strange-looking old man.

㉗ **High above the city, on a tall column**, *stood* the statue of the Happy Prince.

㉘ **There in his headlights**, sprawled face down on the sand, *lay* a motionless human body.

(그의 전조등이 비치는 그곳 모래사장에 얼굴을 땅에 박고 팔다리를 뻗은 자세로 미동도 하지 않는 몸뚱이 하나가 있었다.)

㉙ **Over his shoulders** *were* wide orange suspenders; the kind worn by people who spent a lot of time in wilderness area.

(두 어깨에 그는 폭이 넓은 오렌지색 멜빵을 하고 있었다. 황야에서 많은 시간을 보내는 사람들이 애용하는 멜빵을.)

위의 ㉖~㉙는 장소를 나타내는 부사구로 문장을 시작함으로써 앞으로 전개될 이야기의 배경이 제시되고 있다. 그리고 정보 가치가 크지 않은 술어동사 다음으로 이야기의 핵심이 되는 주어를 옮겨 긴장감이 조성되고 있다.

2. Here, There로 시작하는 구문

㉚ **Here** *comes* the bus!

㉛ **There** *goes* the burglar.

㉜ **Here** *is* the news.

㉚~㉜는 기다리고 있었거나 화제에 올렸던 대상으로 상대방의 관심을 끌 때, 또는 상대방에게 관심거리가 될 만한 것을 제시하면서 말할 때 쓰인다. Here와 There로 시작하고, 술어동사로는 come, go, be가 현재형으로 쓰이는, 극히 정형화된(formulaic) 표현에 속한다.

3. 방향부사 + 이동동사 + 주어 구문

㉝ **In** *went* the sun and **down** *came* the rain.

㉞ **On** *marched* the soldiers.

㉟ **Away** *goes* the servant.

A+B+C가 정상적인 어순인데 이 어순을 C+B+A로 바꾸었다면, 이는 경우에 따라 문장의 앞머리를 차지하는 C를 강조하거나 문장의 끝머리로 자리를 옮긴 A를 드러내려는 데 목적이 있다. 또한 경우에 따라서는 어순이 전도된 C+B+A가 하나의 통합된 문장 효과를 만들어내기도 한다. 위에 속하는 예문들이 바로 그렇다.

4. 시간을 나타내는 부사(구)로 시작하는 구문

㊱ **Now** *is* the time for all good men to come to the aid of their own country.

㊲ For a moment nothing happened. **Then** *came* voices all shouting together.

㊳ **Then** *came* a simple spinach salad, cornbread, and an apple sauce soufflé for dessert.

㊴ **Again** *came* the sounds of cheerfulness.

위의 예문에서 문장의 첫 자리를 차지한 시간 부사는 대개 앞 문장과 그 다음 문장을 매끄럽게 연결시켜주는 가능을 갖는다.

그런데 시간부사로 문장을 시작한다 해서 모든 문장이 도치구문을 만드는 것은 아니다. 위의 예문에서 주어의 위치가 문장의 끝자리인 것은 술어동사가 짧고 주어의 길이가 길거나 구조가 복잡해서 end-weight의 원칙이 적용되었기 때문이다.

5. (보어로 쓰인) 형용사(구) 또는 형용사의 비교급으로 시작된 문장에서

㊵ a. Her oval face was especially remarkable.

→ b. **Especially remarkable** *was* her oval face.

㊶ Her face was stony and **even stonier** *was* the tone of her voice.

㊷ **More important** *has been* the establishment of legal services.

(더 중요한 것은 법률 서비스 체제의 확정이었다.)

㊸ **Much more impressive** *is* the Grand Teton National Park to the south.

㊹ **Scarcely less impressive than the universality of the speech** *is* the almost incredible diversity.

(지구상의 어느 누구나가 말을 할 수 있다는 사실 못지않게 놀라운 것은 그 말이 천차만별이라는 사실이다.)

㊵은 문장의 앞자리를 차지한 형용사구 especially remarkable이 정상적인 어순에서 벗어남으로써 그만큼 그 의미가 강조되어 있고, end-weight의 원칙에 따라 문장의 끝자리로 옮겨진 (역시 정상적인 어순을 벗어난) 주어가 그만큼 두드러져 있다.

그리고 특히 ㊶~㊹의 경우는 문장을 비교급으로 시작함으로써 비교의 대상이 된 요소가 나오는 앞 문장과의 연결이 정상적인 어순의 경우보다 더욱 밀접해지고 있다. 앞서 언급한 바 ㊱~㊳에서 문장의 첫자리를 차지한 시간 부사가 앞 문장과 그 다음 문장을 매끄럽게 연결시켜주고 있는 것처럼.

6. 과거분사나 현재분사로 시작하는 구문

㊺ **Enclosed** *are* two photographs.

㊻ **Enclosed** *is* a card for our permanent signature file which we prefer you to sign and return to us.

(상비(常備)용 서명철을 만들기 위한 카드를 동봉하오니 서명하셔서 반송 바랍니다.)

㊼ **Hidden behind the laurel trees** *was* a lovely cottage.

㊽ **Connected with the principle of end-weight in English** *is* the feeling that the predicate of a clause should be longer or grammatically more complex than the subject.

(영어에서 이 end-weight 원칙은 하나의 절에서 술부는 마땅히 주어보

다 길이가 길거나 문법상의 구조가 복잡해야 한다는 생각과 연관이
있다.)

㊾ **Sitting on the bench** *was* Mary Poppins.

㊿ **Approaching** *was* a young boy carrying a computer.

7. so, such로 시작하는 구문

(51) **So terrible** *was* the storm that whole roofs were ripped off.

(52) **So plausible** *was* the explanation that most people be-
lieved him.

(53) **So preoccupied** *was* she at the moment, she was un-
aware that her husband was standing at the entrance.

(54) **Such** a good teacher *is* he his classes are always full.

위의 예문 ㊿~㊿에서 be 동사는 본동사이지만, so가 부사를 수반하는
다음 구문에서는 도치구문을 만들기 위해서 조동사 do가 쓰이고 있다.

(55) **So rapidly** *did* the water rise that a lot of people were trap-
ped on their roofs.

8.1.4 유의사항

1. 다음 ㊿에서 a는 조동사와 주어가 도치되어 있지만, b의 어순은
정상적이다. a가 도치구문을 만들고 있는 것은 a가 부정어가 포함된
at no time으로 시작되고 있기 때문이다.

(56) a. **At no time** *must* this door be left unlocked.
(이 문은 하루 24시간 언제고 자물쇠를 열어놓아서는 안 된다.)
b. **At certain times**, this door may be left unlocked.
(특정한 시간에는 이 문은 자물쇠를 열어놓아도 된다.)

다음은 어떨까?

⑤⑦　a. **Not without reason** had Charles flown into a rage.

　　　b. **Not without reason**, Charles had flown into a rage.

겉으로 보기에는 a, b가 똑같이 부정어로 시작하고 있는데, 왜 a에서는 도치구문이 쓰였고 b는 그렇지 않을까? 도치구문이 쓰인 a는 다음 a'를 모체문으로 삼는다.

　a'. Charles had**n't** flown into a rage **without reason**.

　　　(Charles가 이유 없이 버럭 화를 낸 것이 아니었다.)

즉, a는 부정문인 것이다. 하지만 b는 Not without reason 다음의 (,)로도 알 수 있듯이, not이 주절(Charles가 버럭 화를 냈다)에는 걸리지 않는다. b는 주절이 not의 작용 범위를 벗어난 긍정문인 것이다. 그래서 도치문을 만들 이유가 없다. b는 다음과 같은 의미를 나타낸다.

　b. 이유가 없는 것은 아니었지만, Charles가 버럭 화를 냈었다.

비슷하게 헷갈리는 예로는 다음도 있다.

⑤⑧　a. **Very rarely** did Mary receive letters from her brother.

　　　b. **Very rarely**, Mary received letters from her brother.

도치구문이 쓰인 a는 a'로, rarely 다음에 (,)가 있는 b는 b'로 풀이할 수 있다.

　a'. She *didn't receive* letters from her brother very often.

　b'. She *received* letters from her brother, but very rarely.

다음과 같은 예도 있다.

⑤⑨ a. In **not** many years *will* Christmas fall on Sunday.

     b. In **not** many years, Christmas *will* fall on Sunday.

a는 '앞으로 오랫동안 크리스마스와 일요일이 겹치지 않을 것이다' 란 뜻의 부정문이고, b는 '몇 해 지나지 않아서 크리스마스가 일요일 과 겹칠 것이다'란 뜻의 긍정문이다.

8.2 so + 조동사 + 주어 vs. so + 주어 + 조동사

1. (⟹ 11.4.5 참조)

2. 다음 ⑥⓪~⑥③에 나오는 and와 but도 유의할 만하다. 접속사로 but 이 쓰이면 도치구문을 만들지 않는 것이다.

⑥⓪ She was angry, **and so was I**.

⑥① John did not see the accident, and **neither did Mary**.

⑥② Kevin doesn't play golf, **but his wife does**.

⑥③ You don't need to come, **but I must**.

8.3 목적어의 경우

S + V + O 구문은 O가 문장의 앞자리로 자리를 옮겨도 도치구문 을 만들지 않는다. (⟹ 8.4 참조)

⑥④ Mary loves window-shopping.

→ a. *Window-shopping* Mary loves.

    b. **Window-shopping* loves Mary.

다만 목적어가 직접화법에서의 전달문인 경우, 이 목적어가 전방으 로 이동하면 흔히 V+S의 어순이 쓰인다.

⑥⑤ **"Please go away,"** *said* one child.
"And don't come back," *pleaded* another.

단, 주어가 대명사인 경우의 어순은 S＋V이다.

⑥⑥ **"What do you want?"** he asked/*asked he.

주어가 대명사가 아닌 경우 ⑥⑤처럼 도치구문이 쓰이지만, 다음 ⑥⑦, ⑥⑧과 같이 쓰이는 예도 있다.

⑥⑦ **"What do you want?"** **Henry asked**.
⑥⑧ **Says President**: "We are not considering a military intervention yet."

특히 소설이나 신문기사에서 정상적인 어순(S＋V＋O) 이외에 O＋V＋S, O＋S＋V, V＋S＋O의 어순이 쓰이는 것은, 이와 같은 어순의 안배로 '누가' 말했으며 '무엇'을 말했는지에 관해서 독자의 호기심을 극대화시켜 긴장감의 효과를 높이려는 데 목적이 있다.

목적보어가 전방으로 이동했을 때도 도치구문은 쓰이지 않는다.

⑥⑨ **Poppy Kim** they used to call their pet.

II. 전치(前置, fronting)구문

8.4 전치

전치(＝fronting)란 정상적인 어순에서는 주어와 동사 다음에 위치하는 요소를 문장의 앞자리로 이동시킨 문법상의 조작(操作)을 말한다.

예를 들어보자.

① **Never** shall I forget your kindness.

② **High above the city, on a tall column**, stood the statue of the Happy Prince.

③ **On the bed** was sitting an old man.

8.4.1 전치의 목적

전방으로 자리를 옮긴 요소들은 그 구조나 문맥에 따라 전치의 목적이나 기능이 다르다.

1. (앞에서 이미 언급해서 반복이 되지만) Never로 시작한 ①은 부정의 뜻을 강조하려는 데 목적이 있다. 장소를 나타내는 부사구로 시작한 ②는 앞으로 하려는 이야기의 배경을 제시하려는 데 목적이 있고, 주어인 the statue of the Happy Prince를 문장의 끝머리에 옮기게 함으로써, 이 주어에 문장의 초점(end-focus)이 주어져 있다. ③은 선행한 문장에 bed에 관한 언급이 이미 나왔었다는 추정이 가능하고 그렇게 추정한다면, on the bed는 이 문장과 선행한 문장을 매끄럽게 연결해준다.

2. 그 밖에 전치의 예로는 다음이 있다.

④   A: I recommend you to see that movie.

   B: **That movie** I already saw.

④의 B와 ⑤는 어떻게 다를까?

⑤ I already saw that movie.

⑤가 '나는 그 영화 이미 보았어'라는 뜻이라면 ④의 B는 다음과 같은 해석이 가능하다.

⑥ 그 영화 말이지. 벌써 보았어.

영어에서는 대체적으로 주어와 주제(theme 또는 화제(topic))가 일치한다. ⑤에서는 'I'가 주어이자 주제이다. ④의 B에서의 that movie의 전치는 주어가 아닌 목적어를 주제로 삼는다는 신호이다.

3. 문장을 구성하는 여러 요소의 전치는 두 가지 대상/사항을 대조적으로 드러내려는 목적으로 쓰이기도 한다. 예를 들어보자.

⑦ **His face** not many admired, while **his character** still fewer could praise.
   (그의 얼굴이 잘생겼다는 사람은 많지 않았고, 그의 성격이 좋다는 사람의 수는 훨씬 더 적었다.)
⑧ **Traitor** he has become and **traitor** we shall call him.
⑨ **In London** I was born and **in London** I shall die.

8.4.2 전치와 도치구문

앞에서 예로 든 ①~⑨ 가운데서 ①~③은 문장 요소의 전치에 따라 도치구문이 만들어져 있는데, ④의 B와 ⑦~⑨는 (앞으로 옮겨진 요소를 제외하고는) 어순이 정상적이다. ①~②의 경우 주어와 조동사, 또는 주어와 동사의 도치는 의무적이다. ③의 경우는 주어와 동사구는 정상적인 어순을 유지할 수도 있고, 도치구문을 만들 수도 있다. ④의 B와 ⑦~⑨는 S + V 어순이 알맞다.

8.4.3 전치가 가능한 문장 요소

다음과 같은 문장 요소가 앞에서 기술한 여러 목적에 따라 문장의 앞자리를 차지한다.

부사구

⑩ **Across the plains** they galloped.

⑪ **On the platform** was a strange-looking old man.

부정어

⑫ **Never** shall I forget your kindness.

목적어

⑬ A: I recommend you to see that movie.

  B: **That movie** I already saw.

⑭ **People like that** I can't stand.

보어/목적보어

⑮ **Strange people** they are.

⑯ **Faithful** she was, but not clever.

⑰ **Traitor** he has become and **traitor** we shall call him.

동사구

⑱ They have promised to finish the work, and **finish it** they will.

⑲ He tried to stay on good terms with the girl. But **fully accept her** he never did.

Wh절
⑳ **What I'm going to do** I just don't know.
㉑ **How she got the gun through the customs** we never found.

that절
㉒ **That he knows the answer** I don't doubt.

학교문법에서 흔히 특수구문으로 다루어지는 다음 ㉓~㉔도 전치구문의 예가 될 수 있다.

㉓ **Young** as she was,…
㉔ **The more** one has, **the more** he wants.

위와 같이 문장의 여러 요소의 전치가 가능한 것은 사실이지만, 그렇다 하더라도 전치란 변형은 정상적인 어순에 비해 사용빈도는 아주 낮다.

III. 좌방전위(左方轉位, left dislocation)와 우방전위(右方轉位, right dislocation)

8.5. 전치구문과 좌방전위

다음 ①, ②는 전치구문처럼 보이지만, 전치와는 달리 주어의 앞자리를 차지한 요소가 대명사로 바뀌어 동사 다음에 다시 나와 있다.

① **John**, I saw **him** there yesterday.
(John 말인데 나는 그 친구를 거기서 어제 봤어.)
② **Politicians**, I've never met **one** I could trust.

(정치가들 말이야, 믿을 수 있는 정치가를 나는 단 한 명도 만난 적이 없어.)

예문을 추가해 보자.

③ **The teacher with glasses, he** seems very nice.

④ **That leather coat, it** looks really nice on you.

다음 ⑤, ⑥은 대명사가 의문문에서 쓰인 경우이고 ⑦~⑧은 좌방으로 전위한 요소들이 비정형절인 경우이다.

⑤ **The white house on the corner**, is **that** where she lives?

⑥ **Your sister**, is **she** coming too?

⑦ **Going round museums and art galleries, it**'s what my mum and dad like doing.

(박물관과 미술관을 둘러보고 다니는 일, 그걸 아빠와 엄마는 좋아하신다.)

⑧ **Walking into that room, it** brought back a load of memories.

(그 방에 걸어 들어갔는데 방에 들어가자 수없이 많은 추억이 되살아났다.)

8.5.1 좌방전위는 어떤 경우에 쓰일까?

①의 '…말인데'란 풀이가 보여주듯이, 문장의 앞자리로 자리를 옮긴 요소는 화자가 화제로 삼고자 한 요소를 드러내준다.

그런데 이와 같은 화제화(topicalization)는 앞(⇒ 8.4)에서 언급한 전치구문으로도 나타난다.

⑨ **That movie** I already saw.

그렇다면 전치구문인 ⑨와 좌방전위구문인 ⑩은 어떠한 차이가 있을까?

⑩ **That movie**, I already saw **it**.

⑨와 ⑩의 차이로는 전치구문이 말(speech)에서 뿐만 아니라 글 (writing)에서도 자유롭게 쓰일 수 있는 것과 달리, 좌방전위구문은 격식성이 낮은 일상체(informal spoken English)에서만 쓰인다는 점을 지적할 수 있다.[1] 좌방전위구문은 말로 정보를 주고받는 상황에서 화자가 제기한 화제를 청자가 좀 더 분명하고 쉽게 파악하도록 도와준다. 그런 점에서 ⑩은 의미나 기능상 다음 ⑪의 축약형으로 볼 수도 있다.

⑪ **As for that movie**, I already saw it.

Givón[2]에 의하면 좌방전위구문은 '(앞에 나왔다가) 좀 간격이 벌어졌던 사항을 다시 끌어들여 새로운 화제로 삼으려 할 때' 쓰인다.

8.6. 우방전위

다음 ⑫~⑬에서 a가 좌방전위의 예가 된다면 b는 우방전위의 예가 된다.

⑫ a. **John**, I met **him** there yesterday.

　　b. I met him there yesterday, **John**.

---

1) 좌방전위란 용어는 문장의 일부 구성요소가 주어 좌측으로 자리를 옮긴다는 뜻을 반영하는데, 이 구문이 '말'에서만 쓰인다면, '말'에서 좌측과 우측을 운운하는 것은 적절치 못하다는 이유에서 이 좌방전위란 용어 자체를 비판한 문법서도 있다(⇒ Ronald Carter & Michael McCarthy. *Cambridge Grammar of English*. 2006: 193).

2) T. Givón. *English Grammar* II.(1993: 209)

⑬   a. **Politicians**, I despise them.

    b. I despise **them, politicians**.

즉, 좌방전위에서는 절이 시작하기 전의 앞자리에 위치했던 것이 우방전위에서는 절이 끝난 다음에 위치한다. ⑫~⑬의 b에서 우방전위가 된 요소는 앞에 대명사의 형식으로 나왔던 것을 구체적으로 부연해서 설명해 준다. 예문을 추가해 보자.

⑭ I don't know **him, that guy over there**.

⑮ We're used to **it** in this job, **people arriving at all sorts of time**.

(이와 같은 일자리에 있다 보니, 그런 것에는 이골이 났어요. 시도 때도 없이 사람들이 도착하는 것쯤은요.)

⑯ **He**'s a complete idiot, **that brother of yours**.

(그 친구는 바보야. 네 형 말이야.)

우방전위구문에 속하는 유의할 만한 구문으로는 다음도 있다. 앞에 나온 대명사를 구체적으로 설명해 주는 명사구 다음에 주절에 나오는 be 동사가 다시 이어져있다.

⑰ **It**'s an exciting place, **Hongkong is**.

IV. 외치(外置, extraposition)

8.7 외치

외치란 문장의 일부 요소를 문장의 앞부분에서 뒷부분으로 옮기는 문법상의 조작을 말한다.

8.7.1 분류

외치와 관련된 통사상의 특성에 따라 외치 구문을 분류해보면 다음과 같다.

1. 형식주어 It으로 시작하는 구문

다음 ①이 보여주는 주어(to 부정사구, wh절, that절)의 외치는 end-weight의 원칙을 따른 결과이다. end-weight의 원칙이란 '길이가 길거나 구조가 복잡한 요소는 어순상 상대적으로 문장의 뒷자리에 위치토록 한다'는 원칙을 말한다. end-weight의 원칙에 따른다면 주어가 길거나 복잡하고 술부가 짧은 문장은 머리만 비대하고 몸이 왜소한 모양처럼 제대로 균형이 잡힌 형태가 아닌 것이다.

① a. **It** is a pleasure **to go with you**.
   (← **To go with you** is a pleasure.)
   b. **It** doesn't matter **what he says**.
   c. **It** surprised me **to hear him say so**.
   d. **It** is said **that he is gone abroad for good**.

②는 주어로 쓰인 동명사구의 외치의 예를 보여준다.

② a. **It** was easy **finding his new house**.
   b. **It's** no use **telling him that**.
   c. **It's** fun **being a hostess**.

Quirk *et al.*(1985: 1393)에 의하면 동명사의 외치는 격식성이 낮은 '말'에서 주로 쓰인다.

2. 형식목적어로 it이 쓰이는 구문

it이 형식목적어로 쓰이는 것은 목적어가 to 부정사구나 that절로 이루어져 있는 경우이다.

③   a. She found **it** difficult **to speak**.
     b. I made **it** clear **that I didn't agree with him**.
     c. I owe **it** to you **that the jury acquitted me**.

3. (형식목적어 it이 쓰이지 않는) 목적어의 외치

④   a. SVCO ← SVOC
        He had called *an idiot* **his best friend**.
        ← He called **his best friend** *an idiot*.
     b. SVCO ← SVOC
        The court pronounced *guilty* **every one of the accused**.
        ← The court pronounced **every one of the accused** *guilty*.
     c. SVAO ← SVOA(A = 부사구)
        I confessed *to him* **what I did**.
        ← I confessed **what I did** *to him*.

④의 a와 ④의 b는 S+V+O+C를, ④의 c는 S+V+O+A(부사구)를 모체로 삼는다. C나 A에 비해서 O가 상대적으로 길이가 길거나 구조가 복잡해서, O가 문장의 뒷자리로 옮겨져 외치구문이 만들어졌다.

4. 명사절이나 명사구의 일부만이 외치된 구문

⑤ a. **The time** has come **to decorate the house for Christmas**.
      (← **The time** to decorate the house for Christmas has come.)
   b. **A rumor** circulated **that he committed suicide**.

(← **A rumor** that he committed suicide circulated.)

c. **All of the crew** were safe **except for the captain**.

(← **All of the crew** except for the captain were safe.)

⑤의 주어는 길이가 길거나 문법상의 구조가 복잡하다. to 부정사구나 wh절, that절이 아니어서 형식주어인 it이 쓰이지 않는 이런 경우는 주요어(head word, 괄호 안의 밑줄 친 부분)를 제외한 나머지 부분(주요어의 수식구)을 문장의 뒷자리로 옮긴다.

08

Exercises

1. 다음 (a)와 (b)의 차이를 설명하시오.

(1) (a) Not until this morning did we find the lost key.

　　(b) Not many hours later we found the lost key.

(2) (a) On no account did he want to stay home.

　　(b) For no reason at all he wanted to stay home.

2. 다음 구문의 차이를 설명하시오.

(1) 도치(inversion) 구문과 전치(前置, fronting) 구문

(2) 전치 구문과 좌방전위(左方轉位, left dislocation) 구문

(3) 우방전위(右方轉位, right dislocation) 구문과
　　외치(外置, extraposition) 구문

Chapter 9
상승변형(Raising)

9.1 상승(上昇)변형과 그 유형

다음 ①~②의 a와 b는 서로 구조상으로나 의미상으로나 유기적인 관계를 가지고 있다. 문법이론에서는 b를 a의 종속절의 주어가 주절의 주어로 자리를 옮긴 변형으로 설명하기도 하고, 이 자리 옮김을 subject to subject raising(종속절 주어의 주절 주어로의 상승변형)이라 부르기도 한다.

① a. It *seems* that **he** is happy.
   b. **He** *seems* to be happy.
② a. It is *likely* that **he** will not come.
   b. **He** is not *likely* to come.

①~②의 b가 subject to subject raising의 예를 보여준다면, 다음 ③~④의 b는 object to subject raising(종속절 목적어의 주절 주어로의 상승변형)의 예를 보여준다.

③ a. It is difficult to master **English** in one or two years.
   b. **English** is difficult to master in one or two years.
④ a. It is easy to please **him**.
   b. **He** is easy to please.

다음 ⑤~⑥은 subject to object raising(종속절 주어의 주절 목적어로
의 변형)의 예이다.

⑤ a. I believe that **he** is trustworthy.

　　b. I believe **him** to be trustworthy.

⑥ a. I found that **he** is dead.

　　b. I found **him** to be dead.

그런데 다음 ⑦은 ①~②의 a와 구조가 비슷해 보이지만 subject to
subject raising을 적용시킬 수 없다.

⑦ It is *necessary* that parents care for their children.

　→ *Parents are *necessary* to care for their children.

다음 ⑧은 object to subject raising이 적용되지 않고, ⑨는 subject
to object raising이 적용되지 않는다.

⑧ (If you go there,) it is *essential* to call on him.

　→ *(If you go there) he is *essential* to call on.

⑨ I *hope* that he is innocent.

　→ *I *hope* him to be innocent.

9.2 상승변형이 가능한 동사와 형용사

그렇다면 어떤 동사나 형용사가 상승변형을 허용하는 것일까? 상승
변형을 허용하는 동사와 형용사를 정리해 보자.

1. subject to subject raising이 가능한 주요 동사와 형용사

appear, happen, turn out, be certain, be (un)likely, be believed/

known/said

예를 들어보자.

⑩ a. It *happened* that **she** was out when we called.

→ b. **She** *happened* to be out when we called.

⑪ a. It *turned out* that **he** was right.

→ b. **He** *turned out* to be right.

⑫ a. It *was believed/known/said* that **he** was a millionaire.

→ b. **He** *was believed/known/said* to be a millionaire.

⑬ a. It *is ceratin* that **he** will pass the test.

→ b. **He** *is certain* to pass the test.

그런데 sure는 certain과 의미가 비슷하지만 ⑭a는 비문법적이다. a는 의무적으로 b로 고쳐야 한다.

⑭ a. *It is *sure* that he will pass the test.

→ b. **He** is *sure* to pass the test.

probable이나 possible은 likely와 달리 a가 가능할 뿐 b는 만들지 못한다.

⑮ a. It is *probable/possible* that **he** will come.

→ b. ***He** is *probable/possible* to come.

2. object to subject raising이 가능한 주요 형용사

의미상으로 크게 둘로 나눌 수 있다.

(1) 쉽거나 어려운 것과 관련이 있는 형용사:

difficult, easy, hard, impossible, tough

(2) (넓은 의미에서) 마음에 들거나 들지 않음과 관련있는 형용사:
boring, comfortable, convenient, interesting, pleasant
예문을 들어보자.

⑯ a. It was *boring* to listen to **his long speech**.
→ b. **His long speech** was *boring* to listen to.
⑰ a. It is *comfortable* to sit in **this armchair**.
→ b. **This armchair** is *comfortable* to sit in.
⑱ a. It is *interesting* to study **their culture**.
→ b. **Their culture** is *interesting* to study.
⑲ a. It is *tough* to deal with **these people**.
→ b. **These people** are *tough* to deal with.

유의

possible과 impossible은 다음과 같이 a를 만들 수 있지만 b를 만들
수 있는 것은 impossible에 한한다.

⑳ a. It is **(im)possible** to persuade him.
→ b.*He is **possible** to persuade.
→ b. He is **impossible** to persuade.

(im)possible은 의미상 '사실상의 가능성(factual possibility)'을 나타
내기도 하고, '이론상의 가능성(theoretical possibility)'을 나타내기도 한
다. 사실상의 가능성은 may로 바꿔 쓸 수 있고, 이론상의 가능성은
can으로 바꿔 쓸 수 있다. 사실상의 가능성을 나타내는 (im)possible
은 It is (im)possible that…의 구문을 만들 수 있고, 이론상의 가능성
을 나타내는 (im)possible은 it is (im)possible (for…) to…의 구문을
만들 수가 있다.
바로 위의 예문에 나오는 (im)possible은 이론상의 가능성을 나타낸

다. (⇒ 문용 2017: 134, 356)

3. subject to object raising이 가능한 주요 동사

believe, consider, expect, feel, find, imagine, know, perceive, prove, suppose, think, understand

예를 들어보자.

㉑ a. No one expected that **he** will agree with them.

→ b. No one expected **him** to agree with them.

㉒ a. They proved that **he** is innocent.

→ b. They proved **him** to be innocent.

㉓ a. I suppose that **it** is true.

→ b. I suppose **it** to be true.

9.3. 의미와 용법

위에서 살펴보았던 a와 b는 의미상으로나 구조상으로나 유기적인 관계를 가지고 있는데, 그렇다면 어떠한 차이가 있는 것일까?

우선 subject to object raising이 만들어내는 차이를 살펴보자.

1. subject to object raising

㉔ a. I found **that he was dead**.

b. I found **him to be dead**.

a, b가 다 '그가 죽은 것을 발견했다'란 뜻을 공유하지만, a는 예를 들어 '주민등록부의 열람이나 신문에 난 기사를 통해서' 그의 사망을 알았다는 뜻이고 b는 예를 들어 '누군가가 길가에 쓰러져 있어 다가가서 살펴보니 그는 죽어 있었다'와 같은 상황에서 알맞다. 즉, a는 객관적이고 인지적인 판단을 전제로 하고, b는 주어의 직접적 체험을 전제

로 한다.

㉔의 b와 관련한 문형으로는 c도 있다.

㉔   c. I found **him dead**.

㉔의 c는 b보다도 더 즉각적이고 감각적인 반응이 전제가 된 상황을 나타내는 데 쓰인다. 유사한 예를 하나 더 들어보자.

㉕   a. We found **the children to be undernourished**.
     b. We found **the children undernourished**.

㉕의 a는 '검사를 해보니 어린이들이 영양실조였다'는 뜻이고, b는 '겉모습으로 보아도 어린이들은 영양실조였다'라는 뜻이다.

㉔와 연관된 예를 추가해보자.

㉖   a. Can't you see **that she's deceiving you**?
     b. I saw **a dog run after the cat**.

a는 mental perception(이해와 판단 등이 작용한 지각)을 나타내고 b는 physical perception(직접 눈에 비친 감각적 지각)을 나타낸다.

㉗   a. The commander ordered **that the guard release the prisoner**.
     b. The commander ordered **the guard to release the prisoner**.

a, b가 '부대장이 그 경비원이 죄수를 석방하도록 명령했다'란 뜻을 공유하지만, b는 부대장이 직접 경비원에게 그런 명령을 내렸다는 뜻이다. 반면에 a의 경우에는 부대장으로부터 그런 명령을 받은 당사자가 경비원이 아닌 제3자일 수 있다.

즉, the commander와 the guard의 관계가 a의 경우는 간접적이고 b의 경우는 직접적이다.

위의 ㉔와 ㉖~㉗이 보여주는 a와 b의 차이는 subject to object raising이 만들어내는 차이를 이해하는 데 길잡이가 될 것이다.

2. object to subject raising

㉘   a. It is easy to please **him.**

      (= For us to please him is easy.)

   b. **He** is easy to please.

㉘의 경우 a와 b의 차이는 무엇일까? ㉘을 살피기에 앞서 ㉙에 눈을 돌려보자.

㉙   a. Tom broke the **window.**

   b. **The window** was broken by Tom.

㉙의 a와 b는 능동태와 수동태의 대립을 보여준다.

그런데 영문법에서 '태(voice)'는 독립된 문법 범주로 다루어져 왔기 때문에, 상승변형과 관련해서는 언급이 안 되었지만, ㉘은 바로 object to subject raising의 예가 되기도 한다.

능동태와 수동태의 용법은 여러 관점에서 설명이 되지만, ㉙의 경우 단적으로 드러나는 차이는 a는 Tom이 주어이고 b는 the window가 주어란 점이다. 말을 바꾸면 a는 Tom이 주제이고 즉, Tom에 관한 이야기이고, b는 the window가 주제이다. 즉, the window에 관한 이야기이다.

그와 똑같이 ㉘의 경우도 a는 '우리가 그의 기분을 맞추는 일'이 주어이고 b는 '그'가 주어이다.

a를 b로 바꾸어, he를 주어로 삼은 이유는 무엇일까? 이유는 he의 주제화(主題化)이다. a가 '우리가 그의 기분을 맞추는 일'이 주제라면 b

는 he가 주제이다. b는 '(그에 관해서 말하자면) 그는…'이라는 뜻을 갖는 것이다.

다음 ㉚은 Agatha Christie의 소설에 나오는 한 구절이다.

㉚ "I hope you didn't get the wrong impression," she said. "About Philip I mean. _____ He may seem to you reserved and cold, but that is not so at all. It's just a manner. He can't help."

— Agatha Christie, *Crooked House*

("인상이 나쁘지 않았기를 바라요." 하고 그녀가 말했다. "Philip에 대한 인상 말이에요. _____ Philip은 속을 잘 털어 놓지 않고 사람이 차게 보이지만 사실 본심이 그렇지는 않아요. 겉으로 그렇게 보일 뿐이고 그것은 어쩔 수 없는 일이에요.")

㉚의 빈칸에는 다음의 a가 알맞을까? b가 알맞을까?

a. It is rather difficult to understand Philip.
b. Philip is rather difficult to understand.

㉚의 빈칸에 알맞은 것은 b이다.

a는 '그를 이해하는 일'이 주제이고 b는 'Philip'이 주제이다. ㉚의 빈칸의 전후를 살펴보면, 화자는 빈칸에 앞서 자신이 Philip에 관해서 이야기를 하고 있다는 것을 분명히 하고 있고, 빈칸 다음에도 Philip을 가리키는 he가 주어로 두 번이나 나온다.

그런 문맥에서 빈칸의 주어는 마땅히 Philip이 되어야 한다.

다음 ㉛은 어떨까?

③① He kept a bell near his side, and when his head needed adjusting or he had to "go on the commode," as he referred to it, he would shake the bell and Connie, Tony, Bertha, or Amy — his small army of home care workers — would come in. _____ and he got frustrated when he couldn't make it work.

— Mitch Albom, *tuesdays with Morrie*

(그는 늘 종을 하나 그의 곁에 놓아두었다가, 머리의 기댐을 조정할 필요가 생기거나 'go on the commode(실내 변기)'를 할 일이 생기면 (그는 용변을 보아야 하는 일을 그렇게 표현했다.) 그 종을 흔들었고 그러면 Connie, Tony, Bertha, Amy 등 그의 가사 도우미들 가운데 누군가가 달려왔었다. _____. 그는 종을 목적대로 이용 못 하는 경우에는 좌절감을 느꼈다.)

③①의 빈칸에는 다음의 a가 알맞을까, b가 알맞을까?

a. It wasn't always easy for him to lift the bell.
b. The bell wasn't always easy for him to lift.

③①의 빈칸에는 a가 알맞다.

③①에 bell이 여러 번 나오기는 하지만 모두 목적어의 자리에만 나오고, 모든 문장의 주어는 he이다. he에 관한 이야기를 하고 있는 것이다. 군이 빈칸에서만 bell을 주제로 삼아야 할 이유가 없다.

3. subject to subject raising

③② a. It seems that **he** is happy.
   b. **He** *seems* to be happy.

　a는 that he is happy가 주어이고, b는 he가 주어이다. 그만큼 a에 비해서 b는 화자의 he에 대한 관점이나 판단이 직접적이다.

09

Exercises

1. 다음 (a)를 (b)로 바꾼 것 가운데 문법상 맞지 않거나 a와 b의 의미가 서로 같지 <u>않은</u> 것을 고르시오.

(1) a. It appears that he is very much interested in computer science.

→ b. He appears to be very much interested in computer science.

(2) a. It is important that you remember to send these forms on time.

→ b. You are important to remember to send these forms on time.

(3) a. It is tough to walk on glass.

→ b. Glass is tough to walk on.

(4) a. I could see that she had been crying.

→ b. I could see her crying.

Chapter 10
비정형절(non-finite clause)
— 부정사구와 분사구

10.1 정형절과 비정형절

전통적으로 절이란 주어와 인칭과 시제에 따라 어형이 바뀌는 정형동사를 갖춘 문장이나 문장의 일부를 가리켜 왔다. 그러니까 주어와 정형동사를 제대로 갖추지 않은 다음 밑줄 친 부분은 부정사구나 분사구문(부사구)으로 설명이 된다.

① a. The best thing would be (for you) to tell everybody.

   b. Leaving the room, he tripped over the mat.

   c. The discussion completed, the chairman adjourned the
      meeting for half an hour.

그렇기는 하지만 ①의 밑줄 친 부분은 비정형절로 기술되기도 한다. '주어의 인칭과 시제에 따라 어형을 달리하지 않을 뿐, 의미상의 주어를 수반하기도 하고 현재분사와 과거분사 및 완료형을 취하기도 하고 목적어와 부사구 등을 수반하기도 하는 점에서 정형절의 동사와 다름이 없다'는 점이 ①의 밑줄 친 부분을 비정형절로 간주하는 근거이다. 그렇다면 정형절과 비정형절은 동사의 형태 이외에 어떠한 차이가 있을까?

비정형절은 많은 경우 정형절이 나타내는 뜻을 더욱 간결하게 압축해서 표현하는 효용이 있다.

Quirk *et. al.*(1985)은 비정형절의 예로 다음을 들고 있다.

다음에서 a는 주어를 수반하지 않는 구문, b는 주어로 시작하는 구문을 나타낸다.

1. to 부정사 구문
a. The best thing would be **to tell everybody**.
b. The best thing would be **for you to tell everyone**.

2. to 없는 부정사 구문
a. All I did was **hit him on the head**.

3. -ing로 시작하는 분사구문
a. **Leaving the room**, he tripped over the mat.
b. **Her aunt having left the room**, I asked Ann for some personal help.

4. -ed로 시작하는 분사구문
a. **Covered with confusion**, they apologized abjectly.
b. **The discussion completed**, the chairman adjourned the meeting for half an hour.

전통문법에서 부정사구나 분사구문을 '구'로 기술하는 것은 '구'와 '절'의 정의를 따른 결과이다. 그러므로 그런 기술은 나름대로 타당하다고 하여야 할 것이다. 그렇기는 하지만, 부정사구나 분사구문을 비정형절로 간주하는 관점은 이 두 문법구조의 재음미를 가능하게 해준다.

10.2 부정사구와 분사구문의 재음미

부정사구나 분사구문의 재음미를 가능하게 해주는 단적인 예를 들어보자. 알다시피 목적어가 주어와 동일한 경우에 쓰이는 것이 재귀대명사이다. 그런데 다음 ②에서 주어가 'I'인데, 재귀대명사 himself가 쓰이고 있는 이유는 무엇일까?

② I told him **to behave himself**.

②에 himself가 쓰이고 있는 것은 ②가 다음과 같은 두 문장이 결합해서 만들어진 문장이기 때문이다.

②' I told him + he behaves himself.

전통문법적 관점에서는 to behave himself가 '구'이지만 he behaves himself의 변형인 것이다. I told him 다음에서 썼기 때문에 behave는 정형동사 아닌 비정형동사로 바뀌었고, behave의 주어가 바로 앞에 나오는 him과 동일하기 때문에 반복이 안 되었을 뿐이다.

10.3 to 부정사구/분사구문과 정형절의 유기적인 관계

to 부정사구나 분사구문과 정형절의 유기적인 관계를 드러내 주는 예를 좀 더 들어보자. 다음 ③이 현재분사로 시작하고 ④가 과거분사로 시작하고 있는 것은 ③과 ④가 각각 정형절인 ③'과 ④'의 변형이기 때문이다.

③ **Leaving the room**, he tripped over the mat.

← ③' As he was leaving the room, ⋯

④ **Overwhelmed with confusion**, they apologized abjectly.

← ④ Because they were overwhelmed with confusion, ⋯

③과 ③'이, 그리고 ④와 ④'가 유기적인 관계를 가지고 있듯이 ⑤~
⑥과 ⑤'~⑥'도 유기적인 관계를 가지고 있다.

⑤ I asked **to go**.
  = ⑤' I asked **if I could go**.
⑥ I asked **him to go**.
  = ⑥' I asked **if he could go**.

다음 ⑦과 ⑧의 차이는 무엇일까?

⑦ I saw him **crossing the street**.
⑧ I saw him **cross the street**.

⑦과 ⑧의 차이는 결국 ⑦'과 ⑧'의 차이이다.

⑦' I saw + he was crossing the street.
⑧' I saw + he crossed the street.

비정형절에서 시제는 어떻게 이해할 수 있을까?

⑨ a. **Do** you know the man talking to Elizabeth?
   (= ⋯the man who **is** talking to Elizabeth?)
   b. **Did** you know the man talking to Elizabeth?
   (= ⋯the man who **was** talking to Elizabeth?)

⑨a의 talking⋯과 ⑨b의 talking을 각각 is talking⋯과 was talking
으로 해석하는 것은 a의 Do와 b의 Did의 차이 때문이다.

⑩   a. the man sitting next to me

　　(= the man who **is** sitting next to me)

　　b. the man sitting next to me on that occasion

　　(= the man who **was** sitting next to me on that occasion)

⑩b의 sitting을 was sitting으로 이해하는 것은 on that occasion이란 과거를 나타내는 부사구 때문이다. a의 sitting은 is sitting으로 풀어 쓸 수밖에 없다. 시간을 나타내는 어구가 없기 때문에 현재로 풀어 쓸 수밖에 없는 것이다.

⑪ The man **being questioned** by the police **was** my brother.

⑪의 비정형절은 ⑫처럼 풀어 쓸 수 있다.

⑫ The man **who was being questioned** by the police **was** my brother.

being questioned 앞에 is가 아닌 was가 쓰인 것은 술어동사로 was가 쓰였기 때문이다. 참고로 다음 ⑬의 was는 Elizabeth가 현재는 고인임을 함축한다.

⑬ Elizabeth **was** a very kind lady.

하지만 ⑫에 나오는 my brother는 고인이 아니다. ⑫의 주절에 과거형인 was가 쓰인 것은 my brother가 심문을 받고 있었던 때가 과거였기 때문이다.

⑭ a. The train which **has arrived** at platform 1 is from New York.

→ b.*The train **arrived** at platform 1 is···

⑭의 a는 b로 바꿔 쓰지 못한다. 원칙적으로 명사를 수식하는 과거분사는 수동의 의미를 나타내는데, arrive는 수동형을 만들지 못하는 자동사인 것이다. 하지만 recently가 부가된 ⑮는 문법상 하자가 없다.

⑮ The train **recently arrived** at platform 1 is···

다음은 조동사와 관련된 사항.
⑯　a. The man <u>to help you</u> is Mr. Johnson.
　　b. The man who _____ help you is Mr. Johnson.
⑰　a. The man <u>for you to see</u> is Mr. Johnson.
　　b. The man whom you _____ see is Mr. Johnson.

a의 비정형절을 조동사가 끼어든 정형절로 바꾼다면, b의 빈칸에는 조동사로 무엇이 알맞을까?
⑯b의 빈칸에는 will이나 can이 알맞고 ⑰b의 빈칸에는 will이나 can보다 should나 must가 알맞다.

부정사구를 그저 '구'로만 간주하는 경우, 다음 부정사구는 a나 b나 똑같이 앞에 나온 friends를 수식하는 형용사적인 용법의 to 부정사구로 설명이 된다.

⑱　a. He has many friends <u>to help</u>.
　　b. He has many friends <u>to help him</u>.

하지만 이 두 to 부정사구의 구조와 의미를 제대로 이해하기 위해서는 이 to 부정사구가 다음의 밑줄 친 종속절(정형절)과 유기적인 관계를 가지고 있다는 것을 알아야 한다.

⑲ a. He has many friends <u>whom he must help</u>.

b. He has many friends <u>who will help him</u>.

참조

Quirk *et al.*(1985) *A Comprehensive Grammar of the English Language.* 992~995, 1003~1006, 1120~1124, 1263~1274.

10

Exercises

1. 정형절과 비정형절의 유사점과 차이점을 설명하시오.

2. 다음 밑줄 친 부분을 정형절로 바꾸시오.

(1) <u>Persuaded by our optimism</u>, he gladly contributed the time and money to the scheme.

(2) <u>To climb the rock face</u>, we had to take various precautions.

(3) <u>Kept in the refrigerator</u>, the drug should remain effective for at least three months.

(4) <u>Considered works of art</u>, they were admitted into the country.

Chapter 11

문장과 문장의 연결

11.1 서론

11.1.1 (문장을 연결해 주는) 문법상의 장치

다음 ①, ②를 살펴보자.

① A whale is no more a fish than a horse is. Justice was never
   done but someone complained.
② John got up at seven. **He** felt refreshed.

①은 첫 번째 문장과 두 번째 문장 사이에 아무 연관성이 없다. 두
문장이 그저 나열되어 있을 따름이다. 하지만 ②는 두 문장이 밀접하
게 연결되어 있다. He란 대명사는 이 지구상에 살고 있거나 살았던 남
자라면 어느 남자이건 지칭할 수 있는 대명사이다. 하지만 ②에서 He
는 앞 문장에 나온 John을 가리킨다. 그리고 John을 가리킴으로써 He
는 두 문장을 밀접하게 연결시켜준다.

He처럼 두 문장을 연결하는 기능을 갖는 문법상의 장치로는 그 밖
에 다음이 있다.

<u>정관사</u>

③ Here is a glass, some water, and three coins. I pour the

water into **the** glass, then drop **the** coins one by one into **the** water.

③에서는 두 번째 문장에 나오는 water, glass, coins 앞에 부가된 the가 이 water, glass, coins가 첫 문장에 나오는 a glass, some water, three coins임을 나타냄으로써, 두 문장을 연결시켜 주고 있다.

대동사

④ John kicked the door. He always **does so** when he wants to attract attention.

④에 나오는 does so는 kicks the door로 바꿀 수 있다. 말을 바꾼다면 does so는 첫 문장에 나오는 동사구를 시제만 바꾸어 대신함으로써 두 문장이 연결되어 있음을 나타내 준다.

생략

⑤   A: Are you a student?
     B: (a) Yes, I **am a student**.
        (b) Yes, I **am**.

⑤에서 Are you a student?에 대한 자연스러운 응답이 되는 것은 (b)이다. (a)의 (Yes,) I am a student는 Are you a student?란 질문을 전제로 하지 않고서도 그 뜻이 제대로 통하는 완전한 문장으로, Are you a student?와의 연결성이 약하다. 그러나 (b)의 Yes, I am은 Are you a student?를 전제로 하는 경우에만 Yes, I am a student라는 구체적인 의미를 갖게 된다. 그만큼 Yes, I am은 앞 문장과의 연결이 밀접하다. 그리고 그렇게 두 문장을 연결해주는 것이 앞에 나왔던 문장의 일부인 a student의 생략이다.

접속어

문장과 문장을 연결하는 데 쓰이는 가장 두드러진 문법상의 장치는
글자 그대로 접속어(접속사와 접속부사)이다.

⑥ She washed dishes **and** she dried them.
⑦ They disliked John **but** that's not surprising.

11.1.2 cohesion

위에서 언급한 대명사, 관사, do(대동사), 생략, 접속어 등의 용법은
대부분의 개론적 문법서에 나와 있다. 하지만, 이 문법서들은 이 대명
사, 관사, 대동사, 생략, 접속사의 용법을 각각 서로 독립된 문법 사항
으로 다루고 있을 뿐, 문장과 문장을 연결한다는 공통적인 특성을 갖
는 문법상의 장치로 묶어서 다루고 있지는 않다. 이 문법서들이 문법
설명의 최대 단위로 삼고 있는 것은 대체적으로 문장(sentence)이다.
꼭 필요한 경우를 제외하고는 복수의 문장을 문법 기술의 단위로 삼지
를 않는 것이다.

cohesion이란 바로 앞에서 언급한 '문법상의 장치를 통한 문장과 문
장의 연결'을 뜻한다. cohesion이란 개념의 설정은 문장과 문장의 연
결이란 관점에서 공통적인 기능을 갖는 여러 문법적인 장치의 특성을
연관시켜주고, 복수의 문장을 문법 기술의 한 단위로 삼는 경우 예상
되는 여러 문법 사항을 드러내준다.

문법상의 장치를 통해서 문장과 문장의 연결이 이루어지는 경우, 이
연결이 이루어지는 방식은 다음과 같이 집약할 수 있다.

(1) 지시(reference)
(2) 대용과 생략(substitution and ellipsis)
(3) 접속어에 의한 접속(conjunction)

11.2 지시

11.2.1 he, the, there

다음 ⑧의 경우. 둘째 문장에 나오는 He는 첫 문장에 나오는 an old man을 <u>가리킨다</u>. 지시(reference)란 He가 나타내는 이와 같은 기능을 말한다. He는 앞 문장의 an old man을 가리킴으로써 두 문장을 연결시켜 준다.

⑧ I met an old man on the street. **He** looked sick and tired.

알다시피 He는 대명사다. 대명사는 글자 그대로 명사를 대신하는 낱말을 말하는데, 그렇더라도 ⑧의 He가 앞에 나오는 an old man을 대신하지는 않는다. He가 an old man을 대신한다면 ⑧은 다음 ⑨의 a와 같이 풀어쓸 수 있어야 하지만, ⑧을 올바르게 풀어쓰면 ⑨의 b가 되지 ⑨의 a는 맞지 않는다. 그러니까 정확하게 말하자면 He는 an old man을 가리키는 말이지 대신하는 말이 아니다.

⑨   a. I met *an old man* on the street. *An old man* looked sick and tired.
　　 b. I met *an old man* on the street. *The old man I met* looked sick and tired.

⑩의 경우는 둘째 문장에 나오는 hall 앞에 부가된 정관사 the가 둘째 문장에 나오는 hall이 첫 문장에 나오는 a long, low hall임을 분명히 함으로써 두 문장을 연결시켜 준다. ⑪의 경우는 Gloucester를 가리키는 there가 두 문장을 연결해 준다.

⑩ She found herself in a long, low hall which was lit up by a row of lamps hanging from the roof. There were doors all round **the** hall, but they were all locked.

⑪ Doctor Foster went to Gloucester in a shower of rain. He stepped in a muddle up to his middle and never went **there** again.

（유의）

정관사 the는 우리말로는 흔히 '그 …'로 번역이 되는데 the뿐만 아니라 위의 예문에 나오는 He도 우리말로 옮기면 '그 사람'이고 there는 '그 곳'이다. 우리말에서는 이 '그'가 두 문장을 연결해주는 '지시'의 구실을 하는 것이다. 우리말의 '그리고', '그러나', 또는 '그래서' 등의 '그' 역시 앞에 나온 문장의 내용을 가리킨다(그렇다고 영어에서 '지시'를 나타내는 데 쓰이는 모든 어구가 '그'로 옮겨진다는 말은 물론 아니다).

11.2.2 그 밖의 지시대명사

그 밖에 지시의 기능을 갖는 대명사로는 it/they, this/these, that/those가 있다. 그런데 ⑫B의 (a)의 That은 the Chinese vase they broke를 가리키지만, (b)의 That은 그들이 a Chinese vase를 깬 행위를 가리킨다.

⑫ A: They broke a Chinese vase.
　B: (a) **That** was valuable.
　　 (b) **That** was careless.

다음 ⑬에서의 It은 무엇을 가리킬까?

⑬ It rained day and night for two weeks. The basement flooded and everything was under water. **It** spoilt all our calculations.

It은 '2주 동안 밤낮 가리지 않고 비가 와서 지하실에 물이 차고 모든 것이 물에 잠겨버린 사실'을 가리킴직 하지만 '2주 동안 밤낮 없이 비가 왔다는 사실'이나 '지하실에 물이 차서 모든 물건이 물에 잠겼다는 사실'을 가리킬 수도 있어, 조금은 헷갈린다.

11.2.3 it, that, this의 유사점과 차이점 (1)

용법상의 차이와 관련해서도 it, that, this는 좀 헷갈릴 수 있다.

⑭   A: Where's your car?
    B: **It**'s in the garage.

⑭의 it을 this와 that으로 대치해보자.

⑮   A: Where's your car?
    B: (a) **That**'s in the garage.
       (b) ***This** is in the garage.

⑮는 That이 It 대신 쓰일 수 있음을 보여준다. 하지만 This는 대치가 되지 않는다. ⑯의 경우에도 That과 It은 쓰일 수 있지만, This는 쓰일 수 없다.

⑯   A: Do you remember when we went to Norway?
    B: (a) **That** was a good trip.
       (b) **It** was a good trip.

(c) ***This** was a good trip.

그러나 한편 다음 ⑰처럼 it, this, that이 다 쓰이는 문맥도 있다.

⑰ (a) The boy was afraid and the dog has sensed **it**.
  (b) The boy was afraid and the dog has sensed **this**.
  (c) The boy was afraid and the dog has sensed **that**.

어떤 경우에 it, this, that이 서로 대치할 수 있고 어떤 경우에 대치가 안 되는 것일까? 서로 대치할 수 있는 경우는 의미나 용법의 차이가 없는 것일까? 있다면 그 차이는 무엇일까? 대치가 안 되는 경우는 어떠한 차이가 있기 때문일까?

11.2.4 it, this, that의 유사점과 차이점 (2)

1. 영영사전에는 이 세 대명사가 어떻게 설명되어 있을까?

OALD(2000)에 나와 있는 ('지시'의 용법으로 쓰이는) it, this, that의 설명은 다음과 같다.

it: used to refer to an animal or thing that has already been mentioned.

Where's your car?

It's in the garage.

this: used to refer to sb/sth that has already been mentioned.

The boy was afraid and the dog has sensed **this**.

that: used for referring to sb/sth that has already been mentioned.

A: Do you remember when we went to Norway?

B: **That** was a good trip.

(다른 영영사전에 나와 있는 it, this, that의 기술도 대동소이하다.) 그런데 이들 사전이 제시하고 있는, '앞에서 언급되었던 것을 가리킨다'란 똑같은 기술만으로는 it, this, that 사이에 용법상 차이가 있는 것처럼 보이지 않는다.

2. 유수의 문법/어법 해설서에는 이 it/this/that이 어떻게 기술되어 있는지를 살펴보자.

〈1〉 다음은 *Collins Cobuild English Grammar*(1990: 386~387, 395) 로부터의 인용이다.

This and **that**, and the plural forms **these** and **those**, are used to refer back clearly to a thing or fact that has just been mentioned. (this/these와 that/those는 바로 앞에서 언급된 사물이나 사실을 좀 더 분명하게 가리키는 데 쓰인다.)

Note that **this** and **that** are not very often used as pronouns to refer to people. When they are used like this, they are only used in front of the verb '**be**'. (this와 that은 사람들을 가리키는 데는 잘 쓰이지 않는다. 사람들을 가리키는 데 쓰이는 경우에는 be 동사 앞에서만 쓰인다.)

When you use **this** or **these**, you are linking yourself with the thing you are referring to. … In contrast, when you use **that** or **those**, you are distancing yourself slightly from the thing you are referring to. (this/these를 쓰는 경우에는 필자나 화자가 자신과 이 대명사가 가리키는 사물을 연관이 있는 것으로 여기고 있는 반면, that/those를 쓰는 경우에는 자신과 이 대명사가 가리키는 사물 사이에 약간의 거리를 두고 있다.)

Although **this** and **that** are singular pronouns, you can use them to refer back to a number of things, or facts that have just been mentioned, instead of using a plural pronoun. (this와 that은 단수 대명사지만 앞에서 언급한 여러 사물이나 사실을 (하나로 묶어서) 가리키는 데 복수대명사 대신에 쓰인다.)

You can also use **this** or **these** to refer forward to what you are about to say. (this/these는 앞으로 말하려는 것을 가리키는 경우에도 쓰인다.)

⟨2⟩ 다음은 Swan(1995: 595~6)에 나와 있는 설명이다.

It does not give any special emphasis to the thing or situation…
This and **that** are more emphatic; they seem to suggest 'an interesting new fact has been mentioned.'… **This** seems to be preferred when the speaker has more to say about a new subject of discussion. (it은 it이 가리키는 사물이나 상황을 특별히 강조하지는 않는다. … this와 that은 it보다 가리키는 사물이나 상황을 좀 더 드러내고자 할 때 쓰이며, 앞에서 언급한 사항이 관심을 끌만한 새로운 사실임을 시사한다. … 앞에 나왔던 요소를 새로운 화제로 삼아 좀 더 언급을 하려는 경우에는 this가 선호된다.)

this와 관련해서 Swan은 다음과 같은 설명도 덧붙이고 있다.

It is only used to refer to things which have already been talked about.
This can be used to 'bring things into focus' before anything has been said about them. (It은 앞에서 언급되었던 것을 가리키는 데 쓰일 뿐이지만, this는 아직 언급이 되지 않은 사항을 부각시키는 데 쓰일 수 있다.)

Swan은 it과 this/that의 차이로 다음도 지적하고 있다.

When more than one thing has been mentioned, **it** generally refers to the subject of discussion, **this** and **that** generally select the last thing mentioned. (앞에서 언급했던 것들이 복수일 때, it은 그 가운데 주제가 되었던 것을 가리키고, this나 that은 보통 마지막에 나왔던 사물을 가리킨다.)

> We keep the ice cream machine in the spare room. **It** is mainly used by the children, incidentally.
> (it = the ice cream machine)

> We keep the ice cream machine in the spare room. **This/That** is mainly used by the children, incidentally.
> (This/That = the spare room)

〈3〉 다음은 *Cambridge Grammar of English*(2006: 246)로부터의 인용이다.

This is used to signal that an entity is a new or important topic in a text, or to refer to entities which the writer wishes to highlight or closely identify with. (this는 this가 가리키는 사항이 그 사항이 나와 있는 텍스트에서 새롭거나 중요한 주제임을 나타내는 데 쓰이거나 필자가 강조하거나 본인과 밀접하게 연관을 시키고자 하는 사항을 가리키는 데 쓰인다.)

That highlights entities less emphatically than **this**, and is often used to refer to facts, assertions, etc. which are of temporary interest but which are not major topics in the text. There is often a sense that the writer wishes to indicate a distance from the proposition or entity referred to. (that은 this만큼 이 대명사가 가리키는 사항을 강조하지는 않으며, 어떤 사실이나 주장 등 일시적인 관심거리는 되겠지만 해당 text의 주제는 되지 못하는 것을 가리킬 때 쓰인다. that은 필자가 이 대명사가 가리키는 요소들과 일정한 거리를 두기를 원한다는 뜻으로 이해될 수도 있다.)

That is also frequently used to refer to events and entities remote in time and space, or to ideas and propositions associated with another person or another participant in the discourse. (that은 또한 시간상으로나 공간상으로 거리가 먼 사건이나 사물을 가리키거나 그 글이나 말에 나오는 제3자와 관련이 있는 생각이나 주장을 가리킬 때 쓰인다.)

11.2.5 용법의 정리

여러 문법/어법 해설서에 나와 있는 기술과 설명을 참고하여, '지시'에 쓰이는 it, this, that의 용법을 정리하면 다음과 같다.

1. 앞 문장에 나오는 문장의 일부나 문장(의 내용)을 가리킬 때 가장 흔히 쓰이고 강조를 나타내지 않는 중립적인 대명사는 it이다. (3인칭 단수 남성을 가리킬 때, he가 that man보다 중립적인 것처럼.)

2. 반면에 this나 that은 앞에 나온 선행사를 강조하거나 드러내고자 할 때 쓰인다.
또한 선행사를 강조하거나 드러내고자 하는 경우, this는 공간적으로나 시간적으로 또는 심리적으로 필자나 화자에게 상대적으로 가까운 대상에 쓰이고, that은 공간적으로나 시간적으로 또는 심리적으로 거리를 둔 대상에 쓰인다.

3. it이나 that과 달리 this는 그 다음을 잇는 문장에 나오는 일부 요소나 문장의 내용을 가리키는 데도(즉, 후방조응적 용법으로도) 쓰인다.

11.2.6 Don't mention it과 Don't mention that

Don't mention it이란 말이 있다. Don't mention it은 상대방이 사의를 표시했을 때 흔히 쓰이는 관용어적인 표현으로 '별 말씀을요/천만에요'란 뜻을 나타낸다.

⑱   A: Thank you.
     B: Don't mention **it**.

이 Don't mention it과 대조가 되는 표현에 Don't mention that이 있다. Don't mention that은 상대방이 하는 말이 화자의 마음에 들지 않을 때 흔히 쓰이고, '그런 말은 하지 말아요'란 뜻을 나타낸다.

⑲   A: How about giving it up?
     B: Don't mention **that**.

다음 ⑳과 ㉑의 차이는 무엇일까?

⑳   A: John's crazy.
     B: Who says **so**?
㉑   A: John's crazy.
     B: Who said **that?**

Who says so?는 John's crazy라는 내용의 사실 여부에 관심을 나타낸 경우의 질문이고, Who said that?은 John's crazy란 말에 초점을 맞춘 질문이다.

⑳~㉑과 유사한 예문에 다음도 있다.

⑫ A: Come in.

　　B: Who says **so**?

㉓ A: Come in.

　　B: Who said **that**?

㉒의 Who says so?는 Who gives permission?이란 뜻이고 ㉓의 Who said that?은 Who said 'Come in'? 이란 뜻을 나타낸다.

11.3 대용(substitution)과 생략(ellipsis)

11.3.1 one, do, so

앞 문장에 나온 명사(구)나 동사구, 절 등의 반복을 피하여 다른 어구로 대치해서 나타내는 경우, 이와 같은 대치를 '대용'이라 한다. '대용'의 예로는 다음이 있다.

㉔ A: I'll have an iced-tea.

　　B: I'll have **one**, too.

㉕ Martin drives a car, and his sister **does**, too.

㉖ A: Do you think he will join us?

　　B: I hope **so**.

위의 예문에서 ㉔의 one은 an iced-tea를 대신하고, ㉕의 does는 drives a car를, ㉖의 so는 he will join us를 대신한다.

이와 같은 대용어를 중심으로, 대용과 관련된 유의할 만한 사항을 살펴보면 다음과 같다.

11.3.2 one

1. 명사구를 대용하는 one과 명사를 대용하는 one

다음에서 ㉗의 one은 명사구인 a pen을 대신하고 ㉘의 one은 명사
인 pen을 대신한다.

㉗ I need a pen. Would you please borrow me **one**?
  (one = a pen)
㉘ This knife is blunt. I need a sharp **one**. (one = pen)

명사를 대신하는 one은 ㉘이 보여주듯이 흔히 <u>부정관사 + 형용사</u>
다음에서 쓰인다.

11.3.3 one과 it

1. 앞에 나오는 명사(구)를 대신하는 대명사로는 one 말고도 it이 있
다. one과 it은 특정성에 차이가 있다.

즉, 다음 ㉙의 one은 '(어느 것이든 상관없는 불특정한) 우산(an umbrella)'
을 나타내지만, ㉚의 it은 '내가 잃어버린 특정한 우산(the umbrella I
lost)'을 대신한다.

㉙ I have lost my umbrella. I think I must buy **one**.
  (one = an umbrella)
㉚ I have lost my umbrella. I must find **it**.
  (it = the umbrella I lost)

2. ㉗~㉘이 보여주듯이 one은 '부정관사 + 명사'를 대신하거나 부정
관사와 함께 쓰인다. 그러므로 부정관사와 함께 쓰이지 않는 불가산명
사를 대신하지 못한다. 불가산명사의 대용형으로는 some이 쓰인다.

㉛   A: I'd like *coffee*.

B: Then make **some**.

cf. A: I'd like a *cup* of coffee.

B: Then pour yourself **one**.

11.3.4 some과 ones

1. some은 ㉛처럼 불가산명사의 대용형으로 쓰이는 한편, ㉜처럼 불특정 명사의 복수형의 대용형으로도 쓰인다.

㉜   A: Can you give me a few nails?

B: I'll get you **some**(= some nails).

즉, I need *a nail*에서 a nail을 대신해서 I need *one*이 쓰인다면 I need *some nails*에서의 some nails를 대신해서는 I need *some*이 쓰이는 것이다. 부정문에서 some은 any로 바뀐다.

cf. A: Do you have some stamps?

B: Well, I don't have **any**.

2. 불특정 명사의 복수형의 대용형으로는 ones도 있다.

㉝ My shoes are worn out. I must buy some *new* **ones**(= shoes).

즉, 앞에 나오는 불특정명사의 복수형을 ㉜처럼 아무 수식어구 없이 대신하는 경우는 some이 쓰이고, ㉝처럼 형용사의 수식을 받을 때는 ones가 쓰인다.

11.3.5 one(s)과 정관사

형용사와 함께 쓰이는 one은 ㉘에서처럼 부정관사 다음에 쓰이지만, 문맥에 따라서는 정관사 + 형용사 다음에 쓰이기도 한다.

㉞ She was wearing her new dress, **the red one**.

ones도 ㉝에서처럼 무관사 + 형용사 다음에서 쓰이지만, 문맥에 따라서는 정관사 + 형용사 다음에 쓰인다.

㉟ Don't buy the expensive apples; buy **the cheaper ones**.

the one, the ones가 형용사와 함께 쓰이는 대신 다음처럼 전치사구나 형용사절을 수반하기도 한다.

㊱ The road comes from the south and meets **the one**(= the road) *from Chicago*.
㊲ I wish I'd bought a few jars of honey. Did you notice **the ones**(= the jars of honey) *they were selling*.

11.3.6 one과 수식어

부정관사 다음에 쓰이는 one이나 불특정 명사의 복수형을 대신하는 ones는 의무적으로 형용사와 함께 쓰이는데, 수(two, three, …), 소유격(my, her, Mary's, …), some, any, both 등과 함께 쓰이는 경우에도 형용사가 필요하다.

㊳ A: Did you buy any postcards?

B: Yes, I bought ⎰ *four nice* **ones.**

⎱ **four* **ones.**

반면에 this/these, that/those, either, neither, another, which는 형용사의 수식 없이도 one(s)과 함께 쓰인다.

㊴ I've heard some strange stories in my time. But **this *one*** (= story) was perhaps the strangest one of all.

㊵ A: Here are the designs. **Which *one*** do you prefer?

B: I think **that *one*** looks the most original.

11.3.7 one의 생략

one을 수식하는 형용사가 선행하는 절에서 명사를 수식하는 형용사와 대조적으로 쓰이는 경우 one은 생략할 수 있다.

㊶ If you use the ***red*** pencil, I'll use **the *blue*** (one).

㊷ He asked me a ***direct*** question, not **an *indirect.***

㊸ My ***left*** eye is better than my ***right.***

그 밖에 this/these, that/those, either, neither, another, which 다음에서도 one은 생략할 수 있다.

㊹ I've heard some strange stories in my time. But **this (one)** was perhaps the strangest one of all.

㊺ A: Here are the designs. ***Which*** **(one)** do you prefer?

B: I think ***that*** **(one)** looks the most original.

특히 미국영어에서는 these/those 다음의 ones는 생략된다.

㊻ Do you prefer these roses or **those?**

11.4 do

11.4.1 do와 do so/it/this/that

다음의 do는 선행절에 나오는 동사구를 대신한다.

㊼ Martin drives a car, and his sister **does**(= drives a car), too.
㊽   A: Did you leave early?

   B: Yes, I **did**(= left early).

선행절에 나오는 동사구를 대신하는 대동사형으로는 다음도 있다.

㊾   A: Rover is scratching the door.

   B: Yes, he always $\begin{cases} \textbf{does so} \\ \textbf{does it} \\ \textbf{does this} \\ \textbf{does that} \end{cases}$ when he wants attention.

그런데 do는 단독으로 쓰이는 경우도 있고, so, it, this/that을 수반해야 하는 경우도 있다.

11.4.2 do가 단독으로 쓰이는 경우

1. 상대방의 질문에 짧게 응답할 때

(50) Don't you agree with me? { Yes, I **do.** / No, **I don't.** }

2. so/neither/nor＋도치구문에서

(51) They often go mountain-climbing, and so **do** we.

(52) He doesn't want to talk about it. Neither/nor **do** I.

3. 비교구문에서

(53) He enjoyed the trip more than we **did**.

4. 관계절에서는 do 뒤에 this/that/it/so가 쓰이지 않는다. 관계대명사인 that, which, as, zero(관계대명사의 생략)가 do의 목적어에 해당하기 때문이다.

(54) Soldiers at war are prone to do things that they would not dream of **doing.**

5. do가 목적어나 부사구를 수반하는 경우

(55) He visited her more often than he **does** *his own parents.*

(56) This kind of music appeals more to the younger generations than it **does** *to the older generation.*

6. think, like, own, believe, know, wish 등 (주어의 자의적인 행동이 아닌) 심적 상태를 나타내는 동사를 포함하는 상태동사를 대신하는 경우 do는 so, it, this/that을 수반하지 않는다.

57 A: They *think* he is mad.

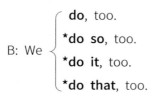

B: We
- **do**, too.
- ***do so**, too.
- ***do it**, too.
- ***do that**, too.

58 I *like* the saxophone and I have always
- **done**.
- ***done so**.
- ***done it**.
- ***done that**.

59 A: He *owns* a Cadillac.

B: His brother
- **does,** too.
- ***does so**, too.
- ***does it**, too.
- ***does that**, too.

11.4.3 do가 단독으로 쓰이지 않는 경우

1. do가 비정형동사(to 부정사구나 동명사, 분사)형을 취할 때는 so, it, this/that의 가운데서 하나와 함께 쓰여야 한다.

60 I didn't repair the lock

because Mother wanted Bill
- ***to do**.
- **to do so**.
- **to do it**.
- **to do that**.

61 I never contradicted him because it is useless
- ***to do**.
- **to do so**.

㉒ As no one else has succeeded in $\left\{ \begin{array}{l} \textbf{*doing.} \\ \textbf{doing so,} \end{array} \right\}$ I shall

attempt to solve the mystery myself.[1]

㉓ A: Walter sometimes kissed her.

B: Yes, I've noticed him $\left\{ \begin{array}{l} \textbf{*doing.} \\ \textbf{doing so.} \\ \textbf{doing that.} \end{array} \right.$

2. 완료형이나 미래를 나타내는 조동사 다음에서도 do는 단독으로 는 쓰이지 않는다.

㉔ This woman actually witnessed the murder, but she didn't

realize that she $\left\{ \begin{array}{l} \textbf{had done so} \\ \textbf{*had done} \end{array} \right\}$ until she read about it

in the newspaper.

㉕ I haven't talked to her yet, but I will $\left\{ \begin{array}{l} \textbf{*do tonight.} \\ \textbf{do so tonight.} \\ \textbf{do it tonight.} \end{array} \right.$

단, ㉔~㉕에서 그 다음에 나오는 동사구를 생략한 조동사가 쓰인 다 음은 가능하다.

㉔ ···, but she didn't realize that she **had**.
㉕ ···, but I **will** tonight.

---

1) ㉒의 doing so는 후방조응적(cataphoric)으로 쓰이고 있다. 즉, do so/that은 그 다음에 나오는 동사구(solve the mystery)를 대신한다.

11.4.4 do so/it/this/that

do가 so, it, this/that을 수반하는 경우, 앞서 예를 든 ㊾에서처럼 do so, do it, do this/that은 서로 바꾸어 쓸 수 있다. 그런데 서로 바꿔 쓸 수 있는 만큼이나 그 용법상의 차이가 미묘하다. 그러기에 문법서에 따라 이들 대동사구의 차이를 다루는 관점이나 기술의 내용이 다르기도 하다. 그런 사정을 감안하면서 주요 문법서에 나와 있는 do so, do it, do this/that의 용법을 살펴보면 다음과 같다.

1. Swan(1997: 164)

Swan에 의하면 다음 ㊅㊅의 a에서는 do it과 do so가 똑같이 쓰일 수 있지만, ㊅㊅의 b와 ㊅㊆~㊅㊇에서는 do so가 쓰이지 않는다. do so는 앞에 나온 동사구의 주어 및 동사구가 나타내는 행위가 동일한 경우에 대용이 가능한 것이다. 그렇지 않은 경우는 do it/that이나 do가 쓰인다.

㊅㊅ a. I promised to get the tickets,

so I will $\begin{cases} \textbf{do it} \\ \textbf{do so} \end{cases}$ as soon as possible.

b. I haven't got the time to get the tickets.

Who's going $\begin{cases} \textbf{to do it?} \\ \textbf{*to do so?} \end{cases}$

㊅㊆ A: I rode a camel in Morocco.

B: I'd love $\begin{cases} \textbf{to do that.} \\ \textbf{*to do so.} \end{cases}$

㊅㊇ I always eat peas with honey. My wife never $\begin{cases} \textbf{does.} \\ \textbf{*does so.} \end{cases}$

2. Declerk(1991: 193~197)

⑴ do는 be 동사를 제외한 모든 동사를 대신할 수 있지만 do so/this/that은 상태동사를 제외한 동사(action verb와 process verb)를 대신하고 do it은 action verb만을 대신한다. ⑥⑨의 feel은 상태동사이다.

⑥⑨ A: I feel terrible.

B. I know you $\begin{cases} \text{do.} \\ \text{*do so.} \\ \text{*do it.} \\ \text{*do that.} \end{cases}$

⑦⓪ A: I bought a watch dog yesterday.

B: I can guess why you $\begin{cases} \text{did.} \\ \text{did so.} \\ \text{did it.} \\ \text{did that.} \end{cases}$

⑵ do it은 다음과 같은 특성을 갖는다.

동작주에 의해서 특정한 시간에 행해진 특정한 행위를 나타낸다. '동작주'란 본인의 의지에 따라 본인의 행위를 통제할 수 있는 주어를 말한다. 그러므로 예를 들어, ⑦②에 나오는 can't play the trumpet의 주어는 동작주가 되지 못한다.

⑦① She decorated the church. I think the vicar asked her **to do it**.

⑦② Unfortunately I can't play the trumpet. If I had been able $\begin{cases} \text{to do so,} \\ \text{*to do it,} \end{cases}$ I could have joined your band.

(3) do this와 do that의 this와 that은 원래 이 지시대명사가 갖는 기본적 의미를 그대로 지니고 있기 때문에, 대동사구가 가리키는 행위와 거리를 두고자 할 때는 do that이 쓰인다.

⑦ A: Why don't you leave her if she gives you such a rough time?

B: Oh no. I couldn't **do that**. Not after thirty years of marriage.

놀라움이나 불쾌감을 자아내는 행위를 가리키는 경우에도 do this가 아닌 do that이 알맞다.

⑦ A: That woman grows bamboo in her front garden.

B: What does she **do THAT** for? (놀라움)

⑷ do so는 too를 부가하지 않는 경우는 do so가 대신하는 동사구와 주어가 동일하여야 한다.

⑦ I always have tea in the afternoon.

My secretary never $\begin{cases} \textbf{does.} \\ \textbf{*does so.} \end{cases}$

⑦ I always have tea in the afternoon. My secretary **does so, too.**

⑦ A: I can't fill in this form.

B: Then who's going $\begin{cases} \textbf{to do it?} \\ \textbf{*to do so?} \end{cases}$

⑱　A: I ate snakes when I was in Africa.

B: Good lord! I would have hated
{
to do that.
*to do so.
*to do.
*to do it.
}

⑮, ⑰, ⑱의 경우, do so가 비문법적인 것은 선행한 문장의 동사구와 주어가 다르기 때문이다. 또한 ⑱에서 to do가 비문법적인 것은 do가 비정형동사구로 쓰였기 때문이고, do it이 쓰이지 못하는 것은 앞에 나왔던 문장의 동사구가 나타내는 바로 그 행위가 아니기 때문이다.2)

(5) do는 앞에 나온 동사구만을 가리킬 때 쓰이고, do so나 do it은 앞에 나온 <u>동사구 + 부사구</u>를 가리킬 때, 또는 앞에 나온 동사구에 새로 부사구를 부가할 때 쓰인다. 이런 경우 가장 흔히 쓰이는 것은 do so이고, do it, do this/that은 이와 같은 대동사구가 쓰이는 기타 조건이 충족되어야 한다.

⑲ He switched off the lights. I guess he **did so** *out of habit.*

⑳ John buys a newspaper out of habit, but I **do** because I really like reading it. (do = buy a newspaper)

㉑ A: Have you locked the house?

---

2) Quirk *et al.*(1985: 877)에는 이런 설명과는 관점이 다른 언급이 보인다.

[1] Martin is painting his house. I'm told he *does it* every four years.

[2] Martin is painting his house. I'm told this is merely because his neighbours *did* so last year.

Although *do it* and *do so* could be interchangeable in these examples, the use of *do it* is favoured in [1] because the same action (the painting of Martin's house) is being described on both occasions; while the use of *do so* is favoured in [2] because it is merely the same general type of action (painting of houses) that is being described.

　　B: I **did it** *at once* when you had come home.

⑧ When I went up the stairs, I **did so** *as quietly as possible*.

(6) 시간을 나타내는 as가 이끄는 종속절에서도 do so가 흔히 쓰인다.

⑧ Mary opened the door and went into the hall. *As* she **did so**, Robert appeared at the top of the stairs.

11.4.5　S + do + so와 so + do + S/so + S + do

다음 ⑧의 경우, so did I에서 so는 괄호 안에 풀이가 나와 있듯이 too란 의미를 갖는다. 앞에서 다루었던 do so의 so와는 의미가 다른 것이다.

⑧ You asked him to leave, and **so did I.**
　　(= I asked him to leave, *too.*)

예를 추가해 보자.

⑧　A: John takes a walk every morning.
　　B: **So does he.**

⑧B의 *So* does he는 He takes a walk every morning, *too*로 풀어 쓸 수 있는 도치구문으로, he는 John을 가리키지 않는다.
⑧B와 대응하는 부정문은 다음 ⑧이다.

⑧　A: John doesn't take a walk every morning.
　　B: **Neither does he.**

⑧⑤와 대조가 되는 구문에 ⑧⑦이 있다.

⑧⑦ A: John takes a walk every morning.
    B: **So he does**.

So로 시작하지만 도치구문을 만들지 않는 ⑧⑦B의 he는 John을 가리키고 So he does는 he does so와 뜻이 같다. 굳이 따지자면 So he does는 He does so에 indeed 또는 in fact란 뜻이 가미된 일종의 강조표현으로 간주할 수 있다.

11.4.6 the same

앞에 나온 문장의 일부 요소(명사구나 형용사 등)를 대신하는 어구에는 the same도 있다.

⑧⑧ A: Can I have a cup of black coffee with sugar, please?
    B: Give me **the same**(= a cup of black coffee with sugar).
⑧⑨ The soup smells delicious, and the turkey smells **the same**
    (=delicious).

the same은 do와 함께 쓰이기도 한다.

⑨⑩ Tom phoned for the doctor, but didn't realize that his
    mother **had just done the same**.

그런데 ⑨⑩에서는 do the same을 쓸 수 있지만, ⑨①에서는 do the same은 쓰일 수 없다. do the same은 do so로 고쳐야 한다.

⑨① Tom phoned for the doctor, but didn't tell his mother he

$\begin{cases} \text{*had done the same.} \\ \text{had done so.} \end{cases}$

⑨①에서 do the same이 쓰이지 못하는 것은 do the same은 앞절의 동사구와 '같은' 행위를 나타내지 '바로 그 행위'를 가리키지는 않기 때문이다.

참고) do의 용법과 품사

다음 예문에 나오는 do는 말할 것 없이 조동사이다.

⑨② **Do** you like bananas?

I **don't** feel like going out tonight.

Where **did** you live?

Don't listen to her.

⑨②에서 do는 본동사 앞에 부가하여 의문문과 부정문을 만드는 기능을 갖는다. 다음 ⑨③에서의 do는 문장 전체의 뜻을 강조한다.

⑨③ You **do** look like nice in that hat.

I **did** warn you.

⑨④에서처럼 do는 앞에 나왔던 동사의 반복을 피하기 위해서 쓰이기도 한다.

⑨④ Will Kay come? She may **do**(= come).

So now you know as much as I **do**(= know).

A: I want to go home.

B: So **do** I(= I want to go home too).

이 ⑨에서 쓰인 do도 흔히는 조동사로 설명이 된다.

앞에 나오는 동사(구)를 대신해서 쓰이는 조동사로는 do 말고도 will, can, may, must 등이 있다. 그런데 ⑨처럼 똑같이 앞에 나온 동사(구)를 대신하는 것처럼 보이지만, will, can, may, must 등과 do 사이에는 중요한 차이가 하나 있다.

⑨ a. A: **Will** he come?
      B: Yes, he **will**(= will come).
    b. **Did** he come early? Yes, he **did**(= came early).

차이점

1. do는 다른 조동사 다음에서도 쓰인다.

A: Will he paint his house this summer?
B: He may **do**.

2. do만이 does, did, (have) done, doing과 같은 활용형으로도 쓰인다.

3. do만이 so, it, this/that을 수반할 수 있다.

위와 같은 차이점을 고려한다면 do는 조동사가 아니다. 그렇다고 본동사라고 할 수도 없다. 그렇기 때문에 위의 예문 ⑨에 나오는 do는 '대동사(pro-verb)' 또는 '동사의 대용형(pro-form of lexical verbs)'으로 흔히 불린다.

한편 다음에 나오는 do는 본동사이다.

⑨⑥ Is there anything I can **do** for you?

A week in the countryside will **do** you good.

You are free to **do** what you want.

Let's **do** the Eiffel Tower today.

11.5.1 so와 not

⑨⑦ A: He's going to be the next president.

B: Everybody says **so**(= he's going to be the next president).

⑨⑧ I know she's fond of Micky. She told me **so**(= she's fond of Micky).

⑨⑦~⑨⑧이 보여주듯이 앞에 나온 문장/절을 대신하는 대표적인 대용어는 so이다. 한편 so가 긍정문을 대신한다면, 부정문을 대신하는 대용어로는 not이 쓰인다.

⑨⑨ A: Is he honest?

B: a. I think **so**(= he is honest).

   b. I think **not**(= he is not honest).

⑩⓪ A: Will it rain tomorrow?

B: a. I hope **so**(= it will rain tomorrow).

   b. I hope **not**(= it will not rain).

so와 not은 다음과 같이 if 다음에서도 쓰인다.

⑩① Will that be enough? If **so**(= that will be enough), do not ask for more.

⑩② You probably have the book mentioned above. If **not**(= you don't have the book), you must buy it.

11.5.2 유의할 용법

so와 not의 유의할 용법을 간추려보자.

1. I think not과 I don't think so.

위에 나오는 예문 ⑨⑨B의 b는 다음과 같이 바꾸어 쓸 수도 있다.

⑩③ A: Is he honest?

　　B: I don't think **so**(= he is honest).

I think he is not honest에 '부정어의 상승변형'을 적용시키면 I don't think that he is honest가 되는데, 종속절인 he is honest를 대용어인 so로 바꾼 결과가 ⑩③B인 것이다.

즉, 반복이 되지만 다음에 예시한 형식 A와 형식 B는 의미가 같다.

형식 A: I think not.

형식 B: I don't think so.

술어동사가 think인 경우, 형식 A와 B 가운데 흔히 쓰이는 형식은 B이다. A는 격식체에서 쓰이며 B에 비해 사용빈도가 낮다. 그리고 (똑같이 부정사의 상승변형이 작용하는) suppose, expect, believe 등이 술어동사로 쓰이는 경우에도 위에서 언급한 말이 그대로 적용된다. 즉, I suppose/expect/believe/imagine not은 I don't suppose/expect/believe/imagine so에 비해 사용빈도가 낮고 격식성이 높다.

한편 대조적으로 hope와 afraid는 형식 A만이 가능하다.

⑩④ A: Do you think it will rain tomorrow?

　　B: I hope **not**.

　　　(*I don't hope so.)

⑩⑤ A: Did they win?

B: I'm afraid **not**.

  (*I am not afraid so.)

2. seem/appear, know와 believe 등

그 밖에 긍정문을 대신하는 경우에는 so를 쓰고 부정문을 대신하는 경우에는 not을 쓰는 동사 가운데 특수한 동사로 seem, appear가 있다. seem과 appear는 so/not을 수반하는 경우, 통상적으로 it을 주어로 삼아 다음과 같은 구문을 만든다.

⑩⑥ A: Do you think he will come?

  B: **It seems so**(= he will come).

  It seems not(= he will not come).

한편 know는 that이 이끄는 절을 대신하는 경우, 그 선행절을 그냥 생략할 수도 있고 대용어로 it을 쓸 수도 있지만 so나 not은 쓰이지 않는다. know가 so나 not과 함께 쓰이지 않는 것은 know가 사실동사이기 때문이다.

⑩⑦ A: Do you know that he is a well-known scientist?

  B: I know.

    know **it**.

    know ***so/*not**.

앞에서 언급했듯이 자신의 생각/판단이 확고함을 나타내는 believe는 선행절의 대용어로 so와 not이 쓰이지만, 선행절의 내용을 사실로 확신하는 경우는 it이 쓰인다(⟹ 2.4 [참고]).

그 밖에 say so와 say that의 차이에 관해서는 ⟹ 11.2.6 (⑳~㉓)

3. so로 시작하는 구문

A. say, tell, hear, understand 등과 함께 쓰일 때

특히 간단한 응답문에서는 so가 문장의 앞자리를 차지하기도 하는데, 이와 같은 구문을 think, hope, suppose는 만들지 못한다.

⑩⑧   A: Mary's getting married.

      B: Yes, **so** I heard.

⑩⑨   It's going to be a cold winter, or **so** the newspaper says.

B. 감탄문에서 be 동사나 조동사와 함께 쓰일 때

⑪⑩   A: It's past midnight.

      B: **So** it is!

⑩B의 So it is!에는 상대방이 한 말에 대한 화자의 확인이나 동의에 놀라움이 곁들어 있다.

11.5.3 so가 대신하는 문장 요소

so는 흔히 문장/절을 대신하지만, 앞에 나온 문장의 일부가 되는 보어나 부사를 대신하기도 한다.

⑪⑪ The weather is *stormy* and will remain **so**(= stormy) over the weekend.

⑪⑫ If he's a criminal, it's his parents who have made him **so** (= a criminal).

⑪⑬ I read the front page very *carefully* and the rest paper less **so**(= carefully).

11.6 생략

11.6.1 생략의 기능

다음 ⑭에서 A의 응답으로 자연스러운 것은 B의 b이다. a는 이 문장만으로도 뜻이 완전히 통하는 독립된 문장인데, 그만큼 a는 A와의 거리가 멀다. b는 A를 전제로 하여야, I'm coming about ten이란 뜻으로 해석이 가능하며, 그만큼 A와의 관계가 밀접하다.

⑭ A: What time are you coming?
　　B: a. I'm coming about ten.
　　　　b. About ten.

참고

문장과 문장의 연결을 가능하게 하는 문법상의 장치의 하나로서의 '생략'을 textual ellipsis라고 부른다면, 생략에는 그 밖에 다음과 같은 종류가 있다.

(a) situational ellipsis: 그때그때의 상황에 따라 쓰이고, 상황을 근거로 그 의미를 이해할 수 있으며, 완전한 문장으로 복원할 수 있는 생략을 말한다. 특정한 상황에서 A가 B에게 말한 다음을 예로 들 수 있다.

You hungry? (= Are you hungry?)
Looks like rain. (= It looks like rain.)
Anybody want soup? (= Does anybody want soup?)
Ready to order? (= Are you ready to order?) ― 음식점에서 종업원이 손님에게

(b) structural ellipsis

다음에서 괄호안의 that이나 on은 생략이 가능한데, 이는 that이나 on이 상대적으로 격식성이 낮은 일상적인 문맥에서는 생략할 수 있다는 특성을 가지고 있기 때문이다. cohesion을 전제로 하는 생략과는 다르다.

I believe (that) you are mistaken.
The club meets (on) Monday evening.

11.6.2 복원 가능성과 전제문

다음 ⑪와 ⑯에서의 Yes, he is는 서로 의미가 다르다.

⑪ A: Is he Korean?
    B: Yes, he **is.**
⑯ A: Is he a student?
    B: Yes, he **is.**

그런데 누구나 ⑪의 Yes, he is는 Yes, he is Korean으로 이해할 것이며, ⑯의 Yes, he is는 Yes, he is a student로 이해할 것이다. 이와 같이 생략문은 생략된 요소가 분명해야 하고, 생략문을 완전한 문장으로 복원하라면 누구나 동일한 문장을 만들어 낼 수 있어야 한다. 생략문은 이와 같은 '복원가능성(recoverability)'을 조건으로 삼는다.

⑪~⑯에서 Yes, he is를 완전한 문장으로 복원해주는 근거가 되는 문장은 A이다. ⑪~⑯의 Yes, he is를 '생략문'이라 부르는 경우, A는 '전제문'이라 불린다.

11.6.3 생략이 가능한 요소

전제문에서 생략이 가능한 요소는 어떤 것일까?

1. 명사(구)의 생략

⑪ Helen is the oldest girl, but Julie is the tallest girl.

→ Helen is **the oldest girl**, but Julie is **the tallest** (girl).

⑪에서처럼 전제문에 나오는 (한정사＋) 수식어구(형용사, 수사 등)＋ 명사와 둘째 문장에 나오는 명사구의 구조가 동일하고 명사의 수식어 구가 대조적으로 쓰였을 때, 둘째 문장에 나오는 전제문에서와 동일 한 명사는 생략된다. 다음과 같은 예가 있다.

⑱ A: Which last longer, the curved rods or the straight rods?

B: **The straight** (rods) are less likely to break.

⑲ A: Have another chocolate.

B: No thanks: that was **my third** (chocolate).

⑳ Smith was the first person to leave; I was **the second** (person to leave).

㉑ He says he hasn't any friends, but I know he has **some** (friends).

㉒ A: How *many chairs* do you need?

B: I need **two** (chairs).

2. 동사구의 생략

(1) (동사구의 일부인) 보어의 생략

㉓ A: I'm tired.

B: I'**m** (tired) too.

(2) 동사구의 일부인 목적어의 생략

㉔ A: Who has a dictionary?

B: I **have** (a dictionary).

(3) (조동사＋본동사의 구조에서) 본동사의 생략

㉕ A: Will you come?

    B: I **will** (come).
⑫ A: I haven't paid.
    B: I **haven't** (paid), either.

다음 ⑫에서는 전제문의 본동사로는 write가 쓰였는데, 생략문에서 생략된 것은 written이다. 시제, 시상 등의 차이로 생략문에서 생략되는 동사의 어형이 전제문의 동사의 어형과 달라지는 것은 문법상 하자가 되지 않는다.

⑫ He said he'd *write*, but he **hasn't** (written).

연관된 예문으로 다음도 있다.

⑫ A: Has she married?
    B: No, but she **will** (marry) one day.
⑫ He said he would take early retirement as soon as he **could**
    (take early retirement) and he **has** (taken early retirement).

⑷ (조동사₁＋조동사₂＋본동사의 구조에서) 조동사₂＋본동사의 생략과 본동사만의 생략
⑬ A: You wouldn't have enjoyed the film.
    B: Yes, I **would** (have enjoyed the film).

⑬처럼 조동사가 둘이 겹치는 경우는 대체로 두 번째 조동사 + 본동사가 생략된다. ⑬의 경우는 B의 a, b가 다 가능하지만, b가 선호된다. 생략문의 둘째 조동사가 전제문의 조동사와 형태가 다른 경우는 역시 둘째 조동사를 드러내는 것이 자연스러운 것이다.

⑬ A: I think Mary should *be* told.
    B: a. She **has**.

      b. She **has been**.

다음은 전제문에서 조동사가 셋이 겹치는 경우이다. 생략문으로는 a, b, c가 다 가능하다.

⑬ A: You could *have been dreaming*.
    B: a. I suppose I **could**.
       b. I suppose I **could have**.
       c. I suppose I **could have been**.

(5) to 부정사 관련 구문
다음 ⑬~⑬에서는 괄호 안의 부정사를 생략할 수 있다.

⑬ Sorry I shouted at you. I didn't mean **to** (shout at you).
⑬ A: Somebody ought to clean up the bathroom.
    B: I'll ask John **to** (clean up the bathroom).
⑬ I don't drink much now, but I **used to** (drink) a lot.

그런데 used to가 be나 have를 수반하는 경우, 이 be나 have는 통상적으로 생략하지 않는다.

⑬ There are more flowers than there **used to be.**
⑬ You've got more freckles than you **used to have**.

다음은 부정사를 이끄는 to도 생략이 가능한 경우이다.

⑬ A: Can you start the car?
    B: I'll try **(to)**.
⑬ You can't force him to leave if he's not ready **(to)**.

⑭ He'll never fight against them. He hasn't got the courage **(to)**.

⑬에서 try 다음에 to를 생략할 수 있는 것은 try가 '…도록 해보겠다'라는 뜻을 나타낼 때 흔히 단독으로 쓰이기 때문이고, 똑같은 말이 ⑲의 ready에도 해당된다. ⑭의 경우 to를 생략할 수 있는 것은 기본적으로 to 부정사는 동사 다음에서 쓰이는데 ⑭에서는 명사를 수식하고 있기 때문이다. 명사는 to 부정사구와의 연결성이 동사의 경우보다 약한 것이다.

(6) 비교구문에서의 생략
⑭ The weather isn't as good as **(it was)** last year.
⑭ He read more books on computers than you **(read)**.

11.7 접속어

문장과 문장을 연결하는 가장 두드러진 문법상의 장치는 말할 것 없이 '접속어(접속사와 접속부사)'이다. 접속어가 구체적으로 두 문장을 어떻게 연결시켜 주는지를 살펴보자.

11.7.1 접속어의 기능과 의미

1. 다음 ⑭은 문장 A와 B를 접속어로 연결하는 경우, 접속어에 따라 생기는 미묘한 의미 차이를 보여준다.

⑭ A. Life is a struggle.
   B. Life is worthwhile.
   → a. Life is a struggle, **and** life is worthwhile.
     b. Life is a struggle, **but** it is worthwhile.

    c. Life is a struggle, **but** it is **nevertheless** worthwhile.

    d. **Because** life is a struggle, it is worthwhile.

    e. **When** life becomes a struggle, it becomes worthwhile.

d는 다음과 같이 그 의미를 강조할 수도 있다.

    f. **Just because** life is a struggle, it is worthwhile.

g는 종속절이 '양보'를 나타내는데, h는 부정적 표현 방식을 통해서 이 '양보'의 의미가 강조되어 있다.

    g. **Although** life is a struggle, it is worthwhile.

    h. **Unless** life is a struggle, it is not worthwhile.

h가 나타내려는 의미는 i처럼 상관 접속사를 사용해서 나타낼 수도 있다.

    i. **Either** life is a struggle, **or** it is not worthwhile.

그리고 b와 g는 각각 다음과 같이 바꾸어 쓸 수도 있다.

    j. Life is a struggle, **but worthwhile**.

    k. **Although a struggle**, life is worthwhile.

2. 예를 또 하나 들어 보자.

  ⑭ For the whole day he climbed up the steep mountainside almost without stopping.

    (온종일 그는 거의 쉬지도 않고 그 험준한 산을 올라갔다.)

이 ⑭와 앞뒤가 맞도록 연결시키기 위해서는 그 다음에 어떤 내용의 문장이 뒤따라야 하고, 그런 문장은 어떤 접속어를 필요로 할까? ⑭를 이을 수 있는 문장으로는 다음이 있다.

⑭⑤ a. And in all this time, he met no one.

(그러는 동안 그는 아무도 만나지를 못했다.)

b. Yet he was hardly aware of being tired.

(그럼에도 그는 피로하다는 느낌이 거의 들지 않았다.)

c. So by night time the valley was far below him.

(그 결과 밤이 되었을 때, 그는 산골짜기가 저 발밑에 보이는 데까지

올라가 있었다.)

d. Then, as dusk fell, he sat down to rest.

(이윽고 어둠이 내려앉았을 때 그때서야 그는 걸음을 멈추고 휴식

을 취했다.)

⑭⑤에서 and로 시작한 a는 첫 문장에서 기술한 내용에 부가해서 연
관된 사건이나 행동을 기술하고 있다. yet으로 시작한 b는 앞 문장과
의 대조를 나타내며, so로 시작하는 c는 첫 문장을 원인으로 삼는 결
과를 나타내고, d의 경우 두 문장을 연결시켜 주고 있는 것은 then이
라는 시간상의 전후 관계를 나타내는 접속어이다.

11.7.2 접속어의 위치

1. 문장과 문장을 연결하는 접속어는 통상적으로 둘째 문장의 첫 자
리를 차지한다.

⑭⑥ He was insensitive to the group's needs. **Consequently,**
there was a lot of bad feeling.

⑭⑦ For the whole day he climbed up the steep mountainside
almost without stopping. **Yet** he was hardly aware of being
tired.

다음 ⑭⑧에서는 둘째 문장이 접속사 + 접속부사구로 이어져 있다.

⑭ English is obviously important, **but at the same time** it's important to learn another language to broaden your horizons.

격식성이 높은 문장의 경우 접속어는 문장의 중간에 위치하기도 한다.
⑭ France doesn't need Africa and is **therefore** trying to move away into other area.

문장과 문장을 연결하는 기능을 갖는 만큼, 접속어는 대체적으로 둘째 문장의 첫 자리를 차지하지만, 다음처럼 둘째 문장의 끝자리를 차지하기도 한다, 둘째 문장의 첫 자리를 차지하는 경우와는 대조적으로 ⑮⓪~⑮①은 격식성이 낮다.

⑮⓪ Our defeat was expected but it is disappointing **nevertheless**.
  cf. There is little chance that we will succeed in changing the law. **Nevertheless** it is important we try.
⑮① Economics is a difficult subject. It's interesting, **though**.
  cf. She seemed healthy **though** she is thin.

(참조)

Halliday, M. A. K. and Hasan, R. 1976. *Cohesion in English*.

11

Exercises

1. '지시'에 쓰이는 it, that, this의 설명 가운데 옳은 것은 O, 옳지 <u>않은</u> 것은 X를 빈칸에 써넣으시오.

_____ (1) it, that, this 가운데서 후방조응적 용법을 갖는 것은 this이다.

_____ (2) it, that, this 가운데서 가장 흔히 쓰이고, 의미가 중립적인 것은 it이다.

_____ (3) 다음에서 It은 the spare room을 가리킨다.
   We keep the ice cream machine in the spare room. It is mainly used by the children.

_____ (4) it, that, this가 다 쓰일 수 있는 문맥도 있고, it, that, this 가운데 하나나 둘만이 쓰일 수 있는 문맥도 있다.

2. 다음 밑줄 친 부분이 용법상 맞는 것은 O, 맞지 않는 것은 X를 빈칸에 써넣으시오.

_____ (1) I have several books on computer science. I can lend you <u>one</u> if you like.

_____ (2) If you use the red pencil, I'll take <u>the blue</u>.

_____ (3) I'd like an ice cream. Are you having <u>it</u>, too?

_____ (4) I like red wine better than <u>white</u>.

3. 다음 질문 A에 대한 B의 답으로 문법상 맞는 것은 O, 맞지 <u>않는</u> 것은 X를 괄호 안에 써넣으시오.

(1) A: Did you remember to post the letter?

    B: a. Yes I did.   (   )

       b. Yes, I remembered.   (   )

       c. Yes, I remembered to.   (   )

       d. Yes, I remembered to do. (   )

       e. Yes, I remembered to do so. (   )

(2) A: Did you write that slogan on the wall?

    B: a. No, I didn't.   (   )

       b. No, I didn't do.   (   )

       c. No, I didn't do that. (   )

       d. No, I didn't do it. (   )

(3) A: Did you feel giddy?

    B: a. Yes I did, but I don't now.   (   )

       b. Yes, I did, but I don't do now.   (   )

       c. Yes, I did, but I don't do so now. (   )

       d. Yes, I did, but I don't do it now. (   )

4. 다음에 나오는 so의 용법을 설명하시오.

(1) A: Is there going to be a general election?

    B: I believe <u>so</u>.

(2) A: There's going to be a general election.

    B: <u>So</u> I understand.

(3) Many people are dominated by machines, but I do not wish to be so.

(4) A: I would like to volunteer.

B: Are you really prepared to do <u>so</u>?

5. 다음 빈칸에 알맞은 것을 보기에서 골라 기호로 답하시오.

(보기)

> (a) consequently   (b) in addition
> (c) furthermore   (d) therefore

(1) He is old and unpopular. _____, he has at best only two years of political life ahead of him.

(2) The state's economy was poor. _____, many college graduates were forced to move elsewhere in order to find jobs.

(3) This is a binding contract. _____, we recommend that you review it with a lawyer.

(4) The city has the largest population in the country and _____, it is a major shipping port.

6. 적절한 접속어를 사용해서 다음 두 문장을 연결하시오.

(a) Life is short.

(b) Art is long.

Chapter 12
격식체와 일상체

12.1 격식성

① a. Would you care for a cup of tea?
   b. Would you like a cup of tea?
   c. Do you want a cup?
   d. Wanna cup?
   e. Cuppa?

위의 a~e는 상대방에게 '차 한 잔을 권한다'는 점에서는 뜻이 동일하다. 하지만 a와 b를 비교해 보면, 조동사로는 would가 사용되고 있지만 술어동사로는 a는 care for가, b는 like가 쓰이고 있다. c에서는 조동사 would가 do로 바뀌었고 술어동사로는 want가 쓰였다. d와 e에서는 문장 일부의 생략이 두드러지며 아울러 축약형이 사용되었다. a~e는 '격식성(formality)'에 차이가 있는 것이다.

우리말에서도 그렇지만 영어에서도 '누가, 누구에게, 언제, 어디에서, 무엇에 관해서, 어떤 방법으로' 말하는가에 따라서 격식성은 다음과 같이 달라진다.

1) 상대방이 상대적으로 지위가 높거나 연장자일 때 격식성은 높아진다.
2) 말하는 이와 듣는 이의 사이가 가까울수록 격식성은 낮아진다.
3) 대화의 주제가 일상적인 것으로부터 멀어질수록 격식성은 높아

진다.
4) 상대방이 상대적으로 지위가 낮거나 나이가 어린 경우에도 그 수
가 많을 때에는 격식성이 높아진다.
5) 동일한 뜻을 동일한 상대에게 전달하는 경우에는 글(written form)
이 말(spoken form)보다 격식성이 높다.
6) 공식적이거나 이에 준하는 상황에서는 격식성이 높아진다.

12.2 격식체와 일상체

'누가, 누구에게, 언제, 어디에서, 무엇에 관해서, 어떤 방법'으로 말
하는가에 따라서 달라지는 영어의 변이형(變異形, varieties)은 그 격식
성을 기준으로, 격식체(formal style)와 일상체(casual style)로 구분할 수
있다.

격식체와 일상체의 구체적인 실례는 다음과 같다. 다음에서 a는 격
식체를, b는 일상체를 나타낸다(Leech, G. and J. Svartvik, 1975).

(1) 수량어
　　a. **many, much**
　　b. **a lot**

many나 much는 a lot과 달리 격식체의 긍정문에서 많이 쓰인다.
다만 의문문이나 부정문에서는 일상체에서도 (very) many나 much가
자유롭게 쓰인다.

Many people derive much pleasure from attending music festivals.
(격식체)
Music festivals give **a lot of** fun to **lots of** people. (일상체)
He doesn't smoke very **much.** (격식체나 일상체)
Do **many** people attend the meeting? (격식체나 일상체)

(2) **1인칭 단수**

    a. As **we** showed in Chapter 2… ('I' 대신에)

    b. As **I** said before…

(3) **일반인을 나타내는 대명사**

    a. **One** never knows what may happen.

       (앞일을 알 수 없는 것이 사람이다.)

    b. **You** never know what may happen.

       They say it's going to rain tomorrow.

(4) **전치사: within, in**

    a. **within** a week

    b. **in** a week

(5) **(하루)에 (한 번)**

    a. once **per** day

    b. once **a** day

(6) **시간 부사(구)**

    a. **subsequently, ultimately, on several occasions**

    b. **for ages** (오랫동안)

(7) **전치사 + 의문사/관계대명사 구문**

    a. **With what** did he write it?

       With whom?

       the girl **to whom** he spoke

    b. **What** did he write it **with?**

       Who with?

       the girl he spoke to

(8) 양태부사구

a. She cooks turkey **in the way** my mother did.

b. She cooks turkey **the way** my mother did.

(9) 전치사(의 생략 여부)

a. Shall we meet **on** Monday?

b. I'll see you Saturday.

I saw her the day after her birthday.

(10) 원인, 목적, 이유, 결과

a. Many fatal accidents occurred **on account of** icy road conditions.

He left early
$$\begin{cases} \text{so as to} \\ \text{in order to} \\ \text{that he might} \end{cases}$$ catch the first train.

The city is situated near the sea and **consequently** enjoys a healthy climate.

The weather **having improved**, the game was enjoyed by player and spectators alike.

Feeling tired, John went to bed early.

b. John felt tired, **so** he went to bed.

I have come **to** see her.

(11) 조건

a. **In case of difficulty**, call the operator.

b. He could have taken a taxi, **then**.

In that case, he would have taken a taxi.

(12) 대조

    a. Elizabeth was lively and talkative, **whereas** her sister was quiet and reserved.

    b. **Though** she is poor, she is always happy.

(13) 가정법에 쓰이는 be 동사

    a. If it **were** to rain tomorrow, the match would be postponed.

    b. I'd play football with you if I **was** younger.

      I wish I **was** dead.

(14) there로 시작하는 존재문의 술어동사

    a. There **are** two patients in the waiting room.

    b. There**'s** two patients in the waiting room.

(15) 수동태 구문

They had made good use of the house.

→ a. **Good** use had been made of the house.

→ a'. **The house** had been made good use of.

    a와 a' 가운데서는 a가 격식성이 더 높다.

(16) (운명, 예정 등을 나타내는) be + to 부정사

    a. He **was** later **to regret** the decision.

(17) (문장의 끝자리를 차지하는) though

    b. He is poor. He is satisfied with this condition, **though**.

(18) 도치구문

    a. **Under no circumstances** must the door be left unlocked.

    Slowly out of its hangar rolled the gigantic aircraft.

There, at the summit, stood the castle in its medieval splendour.

Had I known it, ···

b. **Here's** the milkman.

Here comes the bus.

Joe his name is.

(19) 동명사의 의미상 주어의 격

a. I am surprised at **John's/his** making this mistake.

b. I am surprised at **John/him** making this mistake.

(20) 비교구문

a. He is taller than **I**.

Is he **as tall as that?**

b. He is taller than **me.**

Is he **that** tall?

(21) 수의 일치

a. Neither of them **has** arrived yet.

b. Neither of them **have** arrived yet.

(22) everybody의 대명사

a. Everybody looked after **himself.**

b. Everybody looked after **themselves.**

(23) 부사구

a. He spoke **in a confidential manner.**

b. He spoke **loud and clear.**

(24) get을 사용한 수동태

　b. He **got hurt.**

(25) 주격을 대신하는 목적격

　b. A: "Who wants to play?"

　　B: "**Me.**"

(26) 대(代)부정사(pro-infinitive)의 생략

　b. You can borrow my pen if you **want.**

(27) 허가

　a. **Are** we **permitted** to smoke?

　b. Is it **all right** if we smoke?

(28) 금지

　a. They **are forbidden to** smoke.

(29) 어휘

a.	b.
discover	find out
explode	blow up
encounter	come across
tolerate	put up with
investigate	look into
surrender	give up

　a. The manager **wishes** (wants 대신에) to thank you.

　　The university **requires** all students to submit their work
　　by a given date.

　　I regret (I am sorry 대신에) that…

whereas, despite, notwithstanding, nevertheless, however, indubitably, …

b. over here, over there, all the same, any way, …

(30) 초면 인사

a. How do you do?

b. Hi/Hello.

(31) 건배할 때

a. Your Health!

b. Cheers!

(32) (편지를 쓸 때) 시작하는 말과 맺는 말

a. Dear Sir, Yours faithfully, …

b. Dear George, Love with Jane, …

12.3 격식성의 기준

우리가 영어를 올바르게 활용하기 위해서는 마땅히 이와 같은 변이형의 차이를 알아야 한다. 격식체를 써야 하는 경우에 일상체를 쓴다든가, 일상체를 쓰는 것이 알맞은 경우에 격식체를 쓴다면, 상대방의 오해를 유발할 수도 있고 당초에 의도한 대로의 의사 전달이 이루어지지 않을 수도 있다.

그러나 한편 격식성은 상대적이어서 격식체와 일상체의 한계를 명확하게 정하기는 어렵다. 이와 같은 전제하에서 격식성의 정도를 판단할 수 있는 하나의 '실용적인' 지침을 제시해 본 것이 다음이다. (Ohashi, Y. 1978).

(1) 같은 뜻을 나타내는 경우, 단어 수가 적은 문장이 단어 수가 많은 문장보다 상대적으로 격식성이 높다.

다음 ①에서는 a가 가장 격식성이 높다. Whatever는 no matter what보다, must는 have to보다, unless는 if ··· not보다 상대적으로 격식성이 높은 것이다.

① a. *Whatever* happens, you *must* arrive by six, *unless* you are sick.

    b. *No matter what* happens, you *must* arrive by six, *unless* you are sick.

    c. *No matter what* happens, you *have to* arrive by six, *unless* you are sick.

    d. *No matter what* happens, you *have to* arrive by six, *if* you are *not* sick.

예를 추가하면 다음과 같다. 다음에서는 a가 b보다 격식성이 높다.

② a. I know *neither* Japanese *nor* Chinese.

    b. I do *not* know *either* Japanese *or* Chinese.

③ a. He devised a plan *whereby* he might escape.

    b. He devised a plan *by which* he might escape.

④ a. *Herein* lies your problem.

    b. *In this* lies your problem.

⑤ a. Send your baggage *beforehand*.

    b. Send your baggage *in advance*.

⑥ a. He is *reluctant* to accept.

    b. He is *not willing* to accept.

⑦ a. *However* hard you try, you will not succeed.

    b. *No matter how* hard you try, you will not succeed.

⑧ a. Asthma and pregnancy do not often occur *simultaneously*.

    b. Asthma and pregnancy do not often occur *at the same*

time.

⑨ a. Students are urged to *participate* in the activities of student government.

b. Students are urged to *take part* in the activities of student government.

⑩ a. He spoke very softly *lest* we should be overheard.

b. He spoke very softly *so that* we would not be overheard.

⑪ a. It is difficult to obtain an efficient man, *the salary being small.*

b. It is difficult to obtain an efficient man *because the salary is small.*

⑫ a. *With everybody made to work short hours,* our economy would soon generate stagflation.

b. *If everybody should be made to work short hours,* economy would soon generate stagflation.

⑬ a. The woman struck the child, *who* promptly burst into tears.

b. The woman struck the child, *and he* promptly burst into tears.

⑭ a. He said that he was sick, *which* proved to be a lie.

b. He said that he was sick, *but it* proved to be a lie.

⑮ a. *Had it not been* for your help, …

b. *If it had not been* for your help, …

⑵ 의미 영역이 넓거나 문법상의 기능이 다양한 어휘일수록 일상체에서 흔히 쓰인다.

의미 영역이 넓은 어휘란 여러 가지 다양한 의미를 갖는 어휘를 말한다. 구체적인 예로, '받다'란 뜻을 나타내는 낱말에는 get도 있고 receive도 있다. *LDOCE*(2016)를 찾아보면 get에는 문맥이나 용법에 따라 달라지는 의미가 '받다'를 포함해서 37개가 있는 반면, receive에는 8개가 있다. get의 의미 영역이 receive의 의미 영역보다 훨씬 더 넓은 것이다. '날씨'를 표현하는 데는, it을 주어로 삼을 수도 있고 the weather를 주어로 삼을 수도 있는데, it은 '날씨'만을 뜻하지는 않는다. the weather보다 it의 의미 영역이나 문법상의 기능이 훨씬 다양한 것이다.

다음 예문 ①~②에서 get과 it이 쓰인 b는 receive와 weather가 쓰인 a보다 격식성이 낮다.

① a. I *received* your letter yesterday.

  b. I *got* your letter yesterday.

② a. *The weather* is fine today.

  b. *It* is fine today.

예를 추가해 보자.

③ a. He *earns* a good living taking pictures for money.

  b. He *makes* a good living taking pictures for money.

④ a. He *is hopeful of* success.

  b. He *hopes* he will succeed.

⑤ a. What *happened*?

  b. What's *up*?

⑥ a. He *expressed* clearly what he intended to say.

  b. He *brought out* clearly what he intended to say.

⑦ a. I am *in favor of* the plan.

  b. I'm *for* the plan.

⑧ a. The picture *is suggestive of* something mysterious.

  b. The picture *suggests* something mysterious.

⑨ a. My husband wants *no relations with* our neighbours.

  b. My husband wants *nothing to do with* our neighbours.

⑩ a. Is he still *alive*?

b. Is he still *living*?

⑪ a. *Many* people lost *much* money on the stock market.

b. *Lots of* people lost *a lot of* money on the stock market.

⑫ a. *The* dog is known to be man's best friend.

b. *A* dog is a common domestic animal and comes in many varieties.

위에 나오는 예문 ⑩의 경우, *living*은 한정적 용법과 서술적 용법 모두에 쓰이지만 *alive*는 서술적 용법에만 쓰인다. *living*이 *alive*보다 의미 영역뿐만 아니라 기능의 폭이 더 넓은 것이다.

⑪의 경우, *many*와 *much*는 각각 가산명사와 불가산명사를 수식하지만 *a lot of*나 *lots of*에는 그와 같은 제약이 없다. *a lot of*나 *lots of* 가 *many*나 *much*보다 문법상의 기능의 폭이 넓은 것이다.

⑫의 경우, 한정된 명사 앞에만 부가할 수 있는 정관사는 그 기능의 폭이 부정관사의 기능의 폭에 비해 좁은 셈인데, 총칭적 용법으로 쓰이는 경우 정관사는 부정관사보다 상대적으로 격식성이 높다.

(3) 목적격으로 쓰이는 who는 whom보다 격식성이 낮다.

① a. I asked her twice *whom* she saw.

b. I asked her twice *who* she saw.

who가 whom보다 격식성이 낮은 것처럼, 부사로 쓰이는 quick은 quickly보다 격식성이 낮고 I have got to는 I have to보다 격식성이 낮다. 유사한 예를 들어보자.

다음 예에서 a는 b보다 상대적으로 격식성이 높다.

② a. I phoned her *by long distance* from New York.

b. I phoned her *long distance* from New York.

③ a. I'm *rather* hungry.

     b. I'm *kind of* hungry.

④ a. The reason we chose Cathy is *that* she is tall.

     b. The reason we chose Cathy is *because* she is tall.

⑤ a. He did it *quickly.*

     b. He did it *quick.*

⑥ a. It sounds as if you *knew* him.

     b. It sounds as if you *know* him.

⑦ a. Use your knife and fork *as* I do.

     b. Use your knife and fork *like* I do.

⑧ a. *Who* is the oldest of the three boys?

     b. *Which* is the oldest of the three boys?

⑨ a. It *used not to be* like that.

     b. It *didn't use to be* like that.

⑩ a. *Whomever* you meet, the first thing you mention is the weather.

     b. *Whoever* you meet, the first thing you mention is the weather.

⑪ a. Fred and I have been married *for three years.*

     b. Fred and I have been married *three years.*

⑫ a. I'm *rather* short and skinny.

     b. I'm *sort of* short and skinny.

⑬ a. She looks exactly the way a woman *of her age* should look.

     b. She looks exactly the way a woman *her age* should look.

⑭ a. It would be *of no use* for you to try.

     b. It would be *no use* for you to try.

⑮ a. They got *really* mad.

     b. They got *real* mad.

⑯ a. I wish he *weren't* there.

b. I wish he *wasn't* there.

⑰ a. *There are* some celery and apples in the refrigerator.

b. *There's* some celery and apples in the refrigerator.

⑱ a. He is *much* interested in English grammar.

b. He is *very* interested in English grammar.

⑷ 생략형의 문장이나 축약형(contracted form)을 포함하는 문장은 격식성이 낮다. 다음에서 a는 상대적으로 격식성이 높고 b는 격식성이 낮다.

① a. *I'm glad* to meet you.

b. *Glad* to meet you.

② a. She's *twenty eight years old.*

b. She's *twenty eight.*

③ a. *I'm sorry*, but I don't agree.

b. *Sorry*, I don't agree.

④ a. *Go and help* your mother.

b. *Go help* your mother.

⑤ a. *Did you lose* something?

b. *You lost* something?

⑥ a. *Do you have any suggestions?*

b. *Any suggestions?*

⑸ 문장이나 동사구에서 변형된 명사구는 격식체에서 많이 쓰인다. 다음에서 a는 b의 명사화이다.

a. his stupidity

← b. He is stupid.

a. *his early arrival*

← b. *He arrived early.*

a가 격식체에 속한다면 상대적으로 b는 일상체에 속한다.

① a. I persuaded him of *the truth of the report*.

  b. I persuaded him that *the report was true*.

② a. *The absurdity of his claim* is still more apparent when we consider that he has a crime record.

  b. We find *his claim still more absurd* when we consider that he has a crime record.

③ a. He said that he had *no knowledge* of the matter.

  b. He said that he *knew nothing* of the matter.

④ a. I would like to express *my deep regret* at the untimely death of Mr. Kim.

  b. *I deeply regret* the untimely death of Mr. Kim.

⑤ a. Everybody denies *his loyalty* to the boss.

  b. Everybody denies that *he is loyal* to the boss.

⑥ a. *The responsibility rests with you*.

  b. *You are responsible for that*.

⑦ a. It doesn't need *repetition*.

  b. It doesn't need *to be repeated*.

⑧ a. She *gained admittance* to its membership.

  b. She *was admitted* to its membership.

⑨ a. He was *a disappointment to us*.

  b. He *disappointed us*.

⑩ a. He is glad *of its being over*.

  b. He is glad *that it is over*.

⑪ a. He *gave no explanation to* his idea.

  b. He *did not explain* his idea.

(6) 격식체에서는 가급적 인칭대명사의 사용을 피한다.

①   a. Fresh air and exercise are good for *the* health.

      b. Fresh air and exercise are good for *your* health.

①의 경우, 인칭대명사가 사용된 your health가 the health에 비해 격식성이 낮은 것이다. 예를 추가하면 다음과 같다.

②   a. *English* is spoken in America.

      b. *They* speak English in America.

③   a. *An appeal* should be made to common sense.

      b. *We* (or *You*) should make an appeal to common sense.

④   a. *Without being asked*, she takes her guitar and starts to sing.

      b. *Without anybody asking*, she takes her guitar and starts to sing.

⑤   a. *The ground* must be well dug before *the seed* is sown.

      b. *You* must dig the ground well before *you* sow the seed.

(7) '종속절＋주절' 구문은 '주절＋종속절'의 구문보다 격식성이 높다.

①   a. *Although* he had a bad cold, he went to work.

      b. He went to work, *although* he had a bad cold.

②   a. *As* she was tired, she went to bed earlier than usual.

      b. She went to bed earlier than usual *as* she was tired.

한편 '주절＋종속절' 구문은 '등위절＋등위절' 구문보다 격식성이 높다.

③   a. Mr. Brown went to work, *although* he had a bad cold.

      b. Mr. Brown had a bad cold, *but* he went to work.

(8) 같은 뜻을 나타내는 경우, it을 형식주어로 삼은 문장은 그렇지 않은 문장보다 격식성이 높다.

① a. *It* is suggested that the application be made before the following date.

 b. *We* suggest that you make the application before the following date.

② a. *It* used to be believed that the world was flat.

 b. *They* used to believe that the world was flat.

(참조)

Leech, G. and J. Svartvik. 1975. A *Communicative Grammar of English*.

Ohashi, Y. 1978. *English Style*.

12

Exercises

1. 다음 밑줄 친 부분을 격식성을 낮춘 어구로 바꿔 쓰시오.

(1) He is <u>unaware</u> of his danger.

(2) <u>Despite</u> its antiquity, Marseilles has few ancient monuments.

(3) Immediately <u>thereafter</u>, I received an impertinent letter from him.

(4) The medicine <u>is obtainable</u> only on a physician's prescription.

(5) He <u>made no apology for his lateness</u>.

(6) He said that he was sick, <u>which</u> proved to be a lie.

(7) He <u>operates</u> three restaurants.

(8) It <u>is beyond the comprehension of</u> the ordinary man.

(9) We should <u>endeavour to perform our role</u> in life <u>in order to</u> make the world a better than we found it.

(10) He wants <u>no relations</u> with them.

Chapter 13
영어의 품사

13.1 품사 설정의 의의

가령 book, boy, pen, table과 같은 낱말은 부정관사 'a'를 부가할 수 있고 복수형을 만들 수 있다. 한 문장에서 주어와 목적어가 될 수도 있다. 한편 buy, go, sell은 과거형과 과거분사, 현재분사 등의 활용형을 가지고 있고, 한 문장에서 술어동사의 구실을 한다.

낱말들의 이러한 특성을 기술할 때, 'book은 부정관사 'a'를 부가할 수 있고 복수형을 만들 수' 있으며, 'boy는 부정관사 'a'를 부가할 수' 있고… 하는 식으로 낱말 하나하나를 대상으로 그 문법적인 특성을 기술하는 일은 상상만 해도 번거롭고 비효율적이다.

영어는 적어도 50만 이상의 어휘를 갖고 있는데, 이 낱말들의 문법상의 특성을 기술하려는 경우, 위에서 언급한 비효율성을 피할 수 있는 방법은 이 50만이 넘는 낱말을 문법상의 특성을 공유하는 것끼리 묶어서 한정된 종류로 분류하는 일이다.

예를 들어 a, b, c, d, e, …란 낱말을 묶어 X란 이름을 붙여 'a, b, c, d, e…는 X에 속한다. X는 …한 특성을 갖는다'는 식으로 기술을 한다면 낱말 하나하나를 기술하는 데서 생기는 번거로움과 비효율성을 피할 수 있다.

'품사(parts of speech)'란 바로 이렇게 낱말의 문법 설명을 일반화하기 위해서 특성이 같은 낱말들을 묶어 분류한 낱말의 '종류'를 가리킨다. 용어상으로는 '품사'란 말 대신에 '어류(word class)'란 말이 쓰이기도 한다.

13.2 영문법에서의 품사: 그 분류와 정의

영문법을 기술하는 데 있어, 통례가 되어 있는 품사와 그 정의는 다음과 같다.

1) 명사: 사물의 이름을 나타내는 낱말
2) 대명사: 명사를 대신해서 쓰이는 낱말
3) 형용사: 명사를 수식하는 낱말
4) 동사: 동작, 행위, 상태 등을 나타내는 낱말
5) 부사: 형용사, 동사 및 다른 부사를 수식하는 낱말
6) 전치사: 명사 앞에서 그 명사와 다른 어구와의 관계를 나타내는 낱말
7) 접속사: 낱말과 낱말, 구와 구, 절과 절을 연결하는 낱말
8) 감탄사: 감정 등을 강하게 나타내는 낱말

13.3 품사 분류와 정의에 대한 비판

그런데 위에 제시한 품사를 여덟 가지로 분류하는 방식이나 정의는 다음과 같은 비판을 받아 온 것이 사실이다.

1) 품사 정의의 기준이 일정하지 않다. 위의 정의를 살펴보면, 명사, 동사, 감탄사는 크게 '의미'를 기준으로 하고 있으며, 대명사, 형용사, 부사, 접속사는 '기능'을 기준으로 하고 있다. 전치사는 '통사상의 특성'이 정의의 기준이 되고 있다. 그런데 기준이 동일하지 않는 분류는 합리적일 수가 없다.

예를 들어 어떤 집단을 분류할 때, 성을 기준으로 남성과 여성으로 분류한다든가, 연령을 기준으로 청년층, 장년층 및 노년층으로 분류한다면 합리적인 분류가 이루어지겠지만, 가령 여성과 장년층과 중산층으로 분류를 한다면 그런 분류는 합리적이 아니다.

2) 의미를 기준으로 삼은 정의(notional definition)는 다음과 같은 문제가 있다.

She is dressed in white에서 '색깔의 이름'을 나타내기 때문에 white가 명사라면 blue sky의 blue도 명사여야 한다. 똑같이 색깔의 이름을 나타내기 때문이다. 하지만 blue sky의 blue는 형용사이다. 동사는 '동작, 행위나 상태'를 나타내는 낱말을 말한다. act는 동사이다. '행위'를 나타내기 때문이다. 그렇다면 action도 동사여야 한다. action도 '행위'를 나타내기 때문이다. 하지만 action은 동사가 아니라 명사이다. 사물의 이름을 나타내는 낱말을 명사라고 한다면, book이나 desk가 명사인 것은 맞지만, sincerity가 과연 사물의 이름일까란 의심이 생긴다.

3) 기능을 기준으로 삼은 정의(functional definition)도 문제가 있다. 명사를 수식하는 낱말을 형용사라고 한다면 boy's hat의 boy's도 hat을 수식하니까 형용사여야 한다. 대명사가 명사를 대신하는 낱말을 가리킨다면 John and Mary married를 The two married로 바꾸었을 때의 John and Mary를 대신하는 The two도 대명사여야 한다.

이와 같은 품사 분류와 정의의 약점을 지양하기 위해서 여러 문법학자들이 대안을 제시해 왔다. 그 가운데서 특히 대표적인 대안으로 Jespersen과 Fries가 제시한 대안이 있다. (⇒ 13.6; 13.7)

13.4 품사 설정의 역사

13.4.1 Plato와 Aristotle

역사적으로는 문법은 당초 철학과 논리학의 대상이었다.

Lyons(1971: 10~12)에 의하면 '명사(noun)'와 '동사(verb)'를 최초로 정의하고 구별한 철학자는 Plato(플라톤, 427~347 B.C.)이다. Plato는 논

리학적인 관점에서 하나의 명제(proposition)에서 주어가 되는 요소(the thing about which something is said)를 명사로, 주어에 대한 서술 부분 (which says something about the thing named by the subject)을 동사라 불렀다. 그리고 이 두 종류에 부가해서 '접속사(conjunction)'란 또 하나의 종류를 설정한 것이 Aristotle(아리스토텔레스, 384~322 B.C.)이다. 그런데 Aristotle이 의미했던 '접속사'는 '명사'와 '동사'에 속하지 않는 모든 낱말을 묶어서 부른 명칭이었다. Aristotle은 동사를 기술하는 데 있어 '시제'란 범주를 인정한 최초의 철학자이기도 하다.

13.4.2 스토아(Stoic) 학파

희랍 철학의 흐름 가운데서 언어에 대한 관심이 많았던 학파는 스토아 학파(Stoic School)였다. 스토아 학파는 일단 명사, 동사, 접속사, 관사(article)라는 네 가지 낱말의 종류를 인정했는데 후에 명사를 고유명사와 보통명사로 나누어 모두 다섯 종류를 설정했다. 형용사(adjective)는 명사와 동일한 종류에 속하는 것으로 간주되었다.

명사의 격, 동사의 굴절 등의 문법 범주를 이론적으로 발전시킨 것도 스토아 학파였다. 스토아 학파는 능동형과 수동형을, 그리고 타동사와 자동사를 구별하기도 했다.

13.4.3 Dionysius Thrax

스토아 학파가 이룩한 문법론상의 업적은 알렉산드리아 학파 (Alexandrian School)에 의해서 계승되었는데, 이 학파에 속하는 Dionysius Thrax(디오니시오스 트락스, 170~90 B.C.)가 쓴 문법서는 오늘날 서양에서 출판된 최초의 체계적이며 종합적인 문법서로 인정을 받고 있다. Dionysius는 스토아 학파가 설정한 다섯 가지의 '품사'에 덧붙여 부사(adverb)와 분사(participle) 및 대명사(pronoun)와 전치사 (preposition)를 새로이 설정했다. 분사(分詞)는 이에 속하는 낱말이 명

사적인 특성과 동사적인 특성을 나누어 갖고 있다고 해서 그렇게 명명
되었다.

13.4.4 로마시대

희랍이 멸망하고 로마 제국이 일어선 다음에도, 학문분야에서 희랍
의 영향은 컸다. 문법에 관한 연구는 로마시대에도 철학과 문학비평과
수사학의 일부로 행하여졌다. 품사를 다루는 데 있어서는 희랍어와 라
틴어의 차이에 따라 작은 수정이 가해지기도 했지만, 희랍의 철학자들
에 의해서 이루어진 업적이 대부분 그대로 계승되었다. 실상 희랍어와
라틴어는 서로 다른 언어라고는 하지만, 차이점보다는 유사점이 많았
기 때문에 희랍의 철학자들이 설정한 여러 품사와 격, 수, 시제 등은
로마의 학자들에 의해서 보편적이며 불가결한 범주로 받아들여진 것
이다. 문법의 구체적인 기술에 있어서는 '말'보다 '글'을 우선해서, 정
치가이자 철학자였던 Cicero(키케로, 106~43 B.C.)와 시인이었던 Virgil
(버질, 70~19 B.C.) 등 명문가들이 쓴 '글'이 보기가 되었다.

13.5 영문법의 이론적 발전

Gleason(1965: 67)에 의하면 현대 영문법은 희랍어 문법의 성과를 이
은 라틴어 문법을 토양으로 삼아, 언어에 관한 관심이 고조된 문예부흥
기에 발전했다. 영어에 대한 영국인의 관심이 절정에 다다른 것은 18
세기에 이르러서이다. 영어가 학술과 예술의 매개 언어로 대우를 받게
되고 과학 분야에서도 제자리를 찾기 시작한 것이 이 18세기이다. 영
어에 대한 연구가 영어사전의 편찬과 문법서의 출간으로 구체화된 것
도 18세기이다. 최초의 실질적인 영어사전으로 인정받고 있는 Samuel
Johnson의 *Dictionary of the English Language*가 출간된 것이 1755
년이며 Joseph Priestley의 *The Rudiments of English Grammar*가 출
간된 것은 1761년, Robert Lowth의 *A Short Introduction to English*

*Grammar*가 출간된 것은 1762년의 일이다.

Priestley의 *The Rudiments of English Grammar*에 관해서는 Fries(1952: 66)가 "오늘날 통설처럼 되어 있는 8품사에 의한 영어 낱말의 분류는 Priestley와 더불어 시작되어 1850년 이후에 일반화된 것 같다"라는 언급을 하고 있다.

이 8품사에 혹시 품사 하나를 더 추가한다면, 새로운 품사의 후보가 됨직한 것은 관사이다. 이 관사를 추가하여 바로 아홉 가지의 품사를 설정하고 있는 문법서가 Priestley와 거의 동시에 출판되어 영문법의 이론 정립에 크게 기여한 Robert Lowth의 *A Short Introduction to English Grammar*였다.

13.6 품사 설정의 대표적 대안: Jespersen의 품사론

13.6.1 어류(語類, word class)와 어계(語階, rank)

1) 7권으로 된 *A Modern English Grammar on Historical Principles* (1909~1949)의 저자이기도 한 Otto Jespersen(1860~1943, Demark 출신)은 글자 그대로 첫째에 손꼽히는 영문법의 대가이다. 그의 수많은 저작 가운데 하나인 *Essentials of English Grammar*(1933, 1956)는 그의 대작인 *MEG*의 축소판이라 할 만한데, 이 *EEG*에 그의 품사론에 해당하는 '어류'와 '어계'가 잘 정리되어 기술되어 있다.

다음은 이 '어류'와 '어계'의 요약이다.

2) 어류

Jespersen은 '품사'란 용어 대신에 '어류'란 용어를 선호했는데, 그는 어류를 다음과 같이 분류했다.

(1) 실사(實辭, substantive): '명사'로 통용되는 품사를 가리킨다.
(2) 형용사(adjective)

(3) 동사(verb)

(4) 대명사(pronoun)

(5) 불변화사(particle)

이 다섯 가지의 어류는 다음과 같은 어미굴절(inflection)을 서로를 구별하는 특성으로 삼는다.

<u>실사</u>

다음과 같이 어미가 굴절한다.

속격　　　: wife's

복수　　　: wives

복수속격 : wives'

<u>형용사</u>(와 일부 부사)

다음과 같이 어미가 굴절한다.

비교급: longer

최상급: longest

<u>대명사</u>

격에 따라 다음과 같이 어형이 변한다.

단수	주격	I	he	she	who
	목적격	me	him	her	whom
복수	주격	we	they		(who)
	목적격	us	them		(whom)
단수		this	that		
복수		these	those		

<u>동사</u>

drink를 예로 든다면 drink는 다음과 같은 어형을 갖는다.

부정사	: I may **drink.**
	I want to **drink.**
명령문	: **Drink** this!
직설법 현재	: I **drink.**
가정법 현재	: If he **drink,**
3인칭단수 현재	: **drinks**
과거	: **drank**
제2분사 (=과거분사)	: **drunk**
ing형	: **drinking**
	(1) 제1분사[1]
	(2) 동명사

<u>불변화사</u>
어미 굴절을 하지 않는 모든 낱말이 이 어류에 속한다.

3) 어계

'어계'는 Jespersen이 독자적으로 만들어낸 문법 용어이다. 어류가 개별적인 낱말을 전제로 하는 분류라면, 어계는 두 개 이상의 낱말이 결합된 구조를 전제로 한다. 다음 a를 예로 들어보자.

a. terribly cold weather

문법상의 비중(상대적인 중요성)을 따질 때, a를 구성하는 세 낱말의 중요성이 동일하다고는 할 수 없다. 역시 가장 중요한 것은 weather이다. terribly cold는 weather에 종속되어 있는 셈이다. terribly cold에서는 terribly 쪽이 cold에 종속되어 있다.

---

1) Jespersen은 현재분사와 과거분사란 명칭 대신에 제1분사와 제2분사란 용어를 사용하고 있다. 현재분사가 현재하고만 관계가 있고 과거분사가 과거하고만 관계가 있는 것도 아니라는 근거에서이다.

이와 같은 문법상의 비중을 전제로 Jespersen은 세 가지 어계(語階, rank)를 설정하고 weather를 1차어(一次語, primary word), cold를 2차 어(二次語, secondary word), terribly를 3차어(三次語, tertiary word)라 불 렀다. 다음 b와 c는 의미상 유기적인 관계를 가지고 있다.

(b) furiously barking dog
(c) dog barks furiously

그러므로 b에서 dog를 1차어, barking을 2차어, furiously를 3차어 로 규정하는 경우, c에서도 dog는 역시 1차어가 되고, barks는 2차어, furiously는 3차어가 된다. b나 c의 첫머리에 부정관사 'a'가 부가된다 면 'a'는 1차어인 dog를 수식하므로 2차어가 된다. 위의 설명을 정리 해보면 다음과 같다(괄호 안의 숫자는 어계를 나타낸다).

(b') a furiously barking dog
    (2)   (3)   (2)   (1)
(c') A dog barks furiously.
    (2) (1) (2)   (3)

그런데 위에 나온 a~c는 1차어는 실사(명사), 2차어는 형용사와 동 사, 3차어는 부사에 의하여 이루어지고 있음을 보여준다. 다음은 1~3 차어를 이루는 어류가 위에 제시한 예와는 다른 경우이다.

1차어를 만드는 다른 어류

형용사
To separate the **known** from the **unknown**
One must bow to the **inevitable**.
He is always talking of the **supernatural**.

부사
We shall leave **here** tomorrow.

소유대명사
Here is your hat, but where is **mine**?

2차어를 만드는 다른 어류

실사
gold coin, **stone** wall, **cannon** ball
her Christian and **family** name

대명사
my book

부사
the **above** remark
on a **far off** country
in **after** years

3차어를 만드는 다른 어류

실사
The sea went **mountains** high.
(산처럼 높이 물결이 일었다.)
He lives there **several years.**
He lives **next door.**

형용사

the **new**-laid eggs

The sooner, **the** better.

대명사

He was never wounded **any** more than I was.

Either he or she must be guilty.

단적으로 Jespersen의 품사 분류는 어류는 형태를, 어계는 기능을 기준으로 한 분류이며, 형태와 기능을 기준으로 별도의 종류를 설정한 점에서 이원적이다.

13.7 Fries[2]의 대안

13.7.1 Fries의 주장

Fries의 *The Structure of English*(1952)는 제5장의 제목이 Parts of Speech로 되어 있는데, Fries는 이 5장에서 전통적인 품사 분류와 정의의 불합리성에 대해서 앞에서 언급한 바와 유사한 비판을 가하고나서, "우리는 품사 분류에 일관성 있게 적용할 수 있는 기준을 마련해야 한다"고 주장했다. 반복이 되지만 Fries가 한 말의 일부를 인용해보자.(Fries, 1952: 67~69)

What is a 'noun', for example? The usual definition is that "a noun is the name of a person, place, or thing." But *blue* is the 'name' of a color, as is *yellow* or *red*, and yet, in the expressions

---

2) C.C. Fries(1887~1969): 미국의 영어학자. 영어교수법에서의 Oral Approach의 제창자. *The Structure of English*(1952), *American English Grammar*(1940) 외에 여러 저서와 논문을 남겼다.

a *blue tie, a yellow rose, a red* dress we do not call *blue* and *yellow* and *red* 'nouns.'

(예를 들어서 '명사'란 무엇인가? 통상적인 정의는 "명사란 사람, 장소, 사물의 이름을 말한다"이다. 하지만 *yellow*나 *red*나 *blue*는 색깔의 '이름'이건만 a *blue* tie나 a *yellow* rose, a *red* dress와 같은 표현에 나오는 *blue, yellow, red*를 우리는 '명사'라고 부르지 않는다.)

The definition for the noun, that "a noun is a name," attempts to classify these words according to their *lexical meanings*; the one for the adjective, that "an adjective is a word that modifies a noun or pronoun" attempts to classify the words according to their *function in a particular sentence*. The basis of definition slides from meaning to function. For the purposes of adequate classification, the definitions of the various classes must consider the same kind of criteria.

("명사란 (사람, 장소, 사물의) 이름을 말한다"란 명사의 정의는 낱말을 <u>어휘의 의미</u>에 따라 분류하려고 한 정의이다. 한편 "형용사란 명사나 대명사를 수식하는 낱말을 말한다"란 형용사의 정의는 <u>특정한 문장에서 쓰인 기능</u>에 따라 낱말을 분류하고자 한 정의이다. 정의의 기준이 의미에서 기능으로 바뀌어 있는 것이다. 그런데 분류가 적절하기 위해서는 분류된 여러 종류의 정의의 기준이 마땅히 동일해야 한다.)

Even with the usual definition of an adjective the criteria are not always consistently applied. Many grammars will not classify *boy's* as an adjective in *the boy's hat*, nor *his* as an adjective in *his hat*, in spite of the fact that both these words, *boy's* and *his* "modify" the word *hat*, and thus fit the definition. *Boy's* is usually called "noun in the possessive case." Here again, criteria that are not included in the definition — in this case certain formal

characteristics — are used in practice to exclude from the classi-
fication items that fit the definition.

(형용사의 통상적인 정의만 하더라도 이 정의가 일관성 있게 적용되고 있
느냐면 그렇지가 못하다. 많은 문법책이 the *boy's* hat의 *boy's*나 *his* hat의
*his*를 형용사로 분류하고 있지 않는 것이다. *boy's*나 *his*가 hat을 수식하고 있
고, 따라서 형용사의 정의에 들어맞는데도 말이다. boy's는 흔히 '명사의 소유
격'으로 불린다. 형용사의 정의와는 다른 기준 — 이 경우에는 형태상의 기준
— 이 형용사의 정의에 합당하는 낱말들을 형용사로부터 제외시키기 위해서
쓰이고 있는 것이다.)

The common definition for a pronoun presents even more
difficulty. "A pronoun is a word used instead of a noun." But just
what kind of substitution is to be called "pronoun" in the follow-
ing example? In the sentence *John and James brought their letters
of recommendation* there should be no question that *John and
James*, as the names for two persons, are names. In the following
series of words "substituted for these two nouns" just which are
to be called pronouns and why?

John and James
The two boys
The undersigned
A few
The two
Two
A couple   brought their letters of
Several   recommendation.
Some
Both
These
They

흔히 통용되고 있는 대명사의 정의는 납득하기가 더욱 어렵다. "대명사란 명사를 대신하는 낱말을 말한다"라고 정의가 되어 있는데, 그렇다면 과연 다음 예문에서 무엇을 어떻게 대신한 것이 대명사인가? John and James brought their letters of recommendation이란 문장에서 두 사람의 이름을 나타내는 John and James가 이름인 것은 분명한데, 다음에 열거되어 있는 낱말 가운데 John and James를 대신하는 낱말로 대명사로 불러야 하는 낱말은 어느 것이며 그 이유는 무엇인가? (예문 생략)

We must find, as the basis for our grouping into parts of speech, a set of criteria that can be consistently applied.

(우리는 품사 설정의 근거가 되는 일관성 있게 적용할 수 있는 기준을 찾아내야 한다.)

13.7.2 품사 분류의 기준: Fries의 경우

그렇다면 일관성 있게 적용할 수 있는 품사 분류의 기준은 무엇일까? Fries에 의하면 우리는 다음 (a)~(c)에서 낱말의 구체적인 의미는 모르더라도 woggles, diggles, uggs, diggs, woggs, uggles는 사물을 나타내고, tugged, woggled, diggled는 동작을 나타낸다는 것은 쉽게 판단할 수가 있다. 그런데 이러한 판단을 가능하게 하는 것은 문장 내에서 이 낱말들이 차지하는 '위치(position)'이다.

(a) Woggles tugged diggles.
(b) Uggs woggled diggs.
(c) Woggs diggled uggles.

다른 예를 또 하나 든다면, 다음 (d)의 빈칸은 concert, food, coffee, taste, container… 등으로 메울 수 있다. 이 낱말들이 동일한 빈칸, 그러니까 동일한 위치를 차지할 수 있는 것은 이 낱말들이 어떤 공통된 특성을 지니고 있기 때문이다. 그렇다면 이 공통된 특성을 기준으로 이 낱말들을 하나의 품사로 묶을 수가 있다.

(d) The _____ was good.

이와 같이 한 문장에서 낱말이 차지하는 '위치'를 품사 설정의 기준으로 삼는다면, 당장 문제가 되는 것은 '이 기준이 되는 위치를 어떻게 그리고 몇 개나 설정해야 할 것인가?'이다.

13.7.3 유어(類語, class word)

Fries는 품사 설정의 틀이 되는 문장으로 다음을 제시했다.

Frame A   The concert was good.
Frame B   The clerk remembered the tax.
Frame C   The team went there.

그리고 위와 같은 문장을 틀로 삼아, '품사'란 용어를 '유어(類語, class word)'란 용어로 바꾸어, 이 유어를 Class 1, 2, 3, 4의 네 가지로 나누었다. 이 네 가지 유어는 Frame A, B, C의 각각 다음 빈칸을 차지할 수 있는 낱말을 말한다.

Class 1 words
        The _____ was good.
        The _____ remembered the _____.
        The _____ went there.

Class 2 words

      The concert _____ good.

      The clerk _____ the tax.

      The team _____ there.

Class 3 words

      The concert was _____.

Class 4 words

      The team went _____.

그러니까 전통적인 8품사의 개념을 적용한다면 Class 1 words는 명사, Class 2 words는 동사, Class 3 words는 형용사, Class 4 words는 부사에 해당한다.

Fries에 의하면 이 네 가지 유어가 영어 어휘의 93%를 차지한다.

13.7.4 기능어(function word)

Fries는 이 93%를 제외한 나머지 낱말들을 이 낱말들이 문장에서 차지하는 위치를 근거로 다음과 같이 Group A부터 Group O까지 15가지 종류로 분류하였다. 그리고 이 낱말들을 묶어 '기능어(function word)'라고 불렀다. 이 15가지 종류의 기능어의 분류 기준과 예는 다음과 같다.

Group A: 다음 예문의 빈칸 즉, Class 1 word인 concert의 바로 앞자리를 차지하는 낱말

_____ concert was good.

the, a/an, every, no, my, each, all, few, more, most, much, one, two… 등이 여기에 속한다.

Group B: Class 1 word와 Class 2 word 사이를 차지하는 낱말

The concert _____ be good.

can, may, must 등 전통문법에서 조동사로 일컬어지는 낱말이 여기에 속한다.

　Group C: 부정문을 만드는 데 쓰이는 not이 여기에 속한다. Group B나 Class 2 word 다음 위치를 차지한다.

The concert may <u>not</u> be good.
The concert was <u>not</u> good.

　Group D: The concert was very good의 very처럼 Class 3 word의 바로 앞자리를 차지하는 낱말

very 이외에 quite, really, awfully, real, any, pretty, too, more, rather, most 등이 여기에 속한다.

　Group E: 동일한 Class에 속하는 어구와 어구를 연결해 주는 낱말

(both)… and…, (either)… or…, (neither)… nor…, (not only)… but…, 등 전통문법에서 등위접속사로 일컬어지는 낱말이 여기에 속한다.

Group F: The concert at the school was at the top에 나오는 at처럼 Group A + Class 1 word의 앞자리를 차지하는 낱말.

전통문법에서의 전치사가 여기에 속한다.

Group G: 의문문이나 부정문을 만들 때 쓰이는 조동사 do/does가 여기에 속한다.

Group H: 이른바 존재문을 만드는 there가 여기에 속한다.

Group I: Wh-의문문을 만드는 데 쓰이는 의문사 when, why, where, how, who, which, what이 여기에 속한다.

Group J: after, because 등 전통문법에서의 종속접속사가 여기에 속한다.

Group K: 흔히 응답문의 첫머리에 쓰이는 well, oh, now 등이 여기에 속한다.

Group L: 응답문에서 쓰이는 yes와 no

Group M: 상대방의 주의를 끌기 위해서 문장의 첫머리에 쓰이는 say, listen, look

Group N: 문장의 첫머리에서 부탁이나 간청을 할 때 쓰이는 please

Group O: 문장의 첫머리에서 권유나 제의를 할 때 쓰이는 let's

13.8 두 대안의 문제점

13.8.1 Jespersen의 경우

위에서 살펴보았듯이 Jespersen의 품사 분류는 낱말의 어미 굴절을 주요 기준으로 삼는 '어류'와 기능을 주요 기준으로 삼는 '어계'란 이원적 체계로 이루어져 있다.

그런데 품사의 분류와 설정을 실용성과 편리성이란 관점에서 음미한다면 Jespersen이 제시한 '이원성'은 재고할 여지가 있다. 이론면에서는 어떻든, '이원성'은 편리해야 할 품사 분류를 그만큼 복잡하게 만들기 때문이다.

또한 다섯 가지로 분류한 '어류'만 해도, 낱말의 어미 굴절이 기준이 되고 있어 일단 일관성이 있고 합리적인 분류로 보이지만, 문법상의 특성이 서로 다른 낱말들을 하나로 묶은 불변화사는, 각론에 들어가면 문법상의 특성에 따라 하위 분류를 해야 하고, 하위 분류를 하다보면 부사, 접속사, 전치사 등으로 분류되기 마련이어서, 결과적으로는 전통적인 8품사의 설정과 크게 다를 바가 없는 것이 되어 버린다. 이것이 Jespersen의 품사 분류의 약점이다.

13.8.2 Fries의 경우

Fries의 분류 역시 이론적인 면에서는 어떻든, 실용적인 면에서는 바람직하지 못하다. 특히 기능어의 경우 100개가 조금 넘는 낱말이 15가지 종류로 분류되어 있고, 그 가운데는 단 하나의 낱말이나 두 개 내지 세 개가 종류 하나를 구성하고 하고 있는 경우도 있어, 이는 낱말의 특성을 일반화한다는 품사 분류의 대원칙과 맞지 않는다. '유어'의 경우는 명칭이 바뀌었을 뿐, Class 1, Class 2, Class 3과 명사, 동사, 형용사는 다를 바가 없다.

13.9 오늘날의 실정

13.9.1 변형문법의 등장

위에서 지적한 바와 같은 문제점 내지 약점이 있어, Jesperson이나 Fries가 제안했던 품사 설정의 대안은 전통적인 품사 분류를 대신하지는 못했다.

그런데다 1950년대가 막을 내리면서 문법 분야에서 품사의 분류를 둘러싼 논의는 논의 자체가 급격히 관심의 영역 밖으로 밀려나가 버렸다. 1958년 Chomsky의 *Syntactic Structures*가 출판되고 변형문법이론이 등장함에 따른 여파였다. *Syntactic Structures*의 출판 이후 문법론의 관심은 통사론 쪽으로 급격하게 기울었고, 품사는 그저 문장 구조를 기술하는 데 필요한 하나의 '도구'로 받아들여지게 된 것이다. 특히 Fries의 경우 품사 분류는 분류 자체가 영문법에서의 주요 과제처럼 다루어지기도 했지만, 품사의 분류나 정의가 문법론에서 '목적'이 되지 않는다는 것이 오늘날의 추세이다.

13.9.2 품사 설정의 목적 — 하나의 관점

앞에서도 살펴보았듯이 전통적인 품사 분류나 정의에 비판을 받을 만한 문제점이 없는 것은 아니다. 하지만 문법론에서 품사 분류나 정의 자체가 '목적'이 되지 않는다면, 말을 바꾸어 관점을 달리해서, 오늘날 영문법에서 통용되고 있는 8품사의 설정을 문법 기술에 필요한 하나의 편의적인 '도구'로 간주한다면, 품사 분류나 정의와 관련된 문제점은 절대적인 것이 아닐 수 있다.

그런 관점에서 오늘날의 문법 기술은 전통적인 품사 분류를 '느슨하고 융통성 있게' 받아들이고 있는 셈이다.

문법 기술의 현장에서 8품사란 개념이 '느슨하고 융통성 있게' 다루어지고 있는 예를 들어보자.

1) 일단 동사로 분류가 되었으면서도 조동사는 동사와는 다른 또 하나의 품사처럼 다루어지고 있다.

2) 일부 낱말들은 '수사(numeral)' 또는 '수량어(quantifier)'란 이름으로 8품사와는 별도로 다루어지기도 한다.

3) 8품사란 분류를 전제로 하면 관사는 형용사에 속한다. 하지만 실제로는 하나의 독립된 품사처럼 다루어지고 있다. 그런가 하면 관사는 소유대명사와 지시대명사 및 일부 수량사와 함께 '한정사(determiner)'란 이름으로 묶여 분류되기도 한다. 이 한정사는 대체적으로 앞에서 살펴보았던 Fries의 품사 분류에서는 기능어의 Group A에 속하는 낱말들이다.

4) 품사의 정의와 관련해서 동사의 전통적인 정의는 '동사는 동작, 행위, 상태 등을 나타내는 낱말을 말한다'이다. 이 정의에 따르면 다음 a에 속하는 낱말들이 동사인 것은 틀림이 없지만 b에 속하는 낱말들도 동사라고 부를 수밖에 없다. b도 동작이나 행위를 나타내기 때문이다.

a. act, behave …
b. action, behavior …

하지만 위에 언급한 동사의 통상적인 정의와는 상관없이 b가 동사로 간주되지는 않는다. 왜냐하면 b에 속하는 낱말들이 a에 속하는 낱말처럼 과거, 과거완료, 현재분사, 과거분사, 동명사 등의 활용형을 갖지는 않기 때문이다. 또한 동사는 한 문장에서 술어동사의 역할을 하는데, b에 속하는 낱말들이 술어동사가 되지는 않기 때문이다. 설사 동사를 '동사는 동작, 행위, 상태 등을 나타내는 낱말을 말한다'라고 정의하더라도 이 정의가 동사의 전부를 말하는 것은 아니라는 것이 융통성 있게 인식이 되어 있는 것이다.

앞에서도 언급했듯이 품사의 정의에는 의미상의 정의 이외에 형태상의 정의와 기능상의 정의가 있다. 8품사를 정의할 때 일단은 한 가지 정의가 적용되지만, 실제 품사를 기술하고 판별하는 경우에는 세 가지 정의가 서로 미비점을 보완하여 통합적인 검증이 이루어지고 있는 것이다.

13.9.3 내용어와 기능어

문법 기술에서 영어의 낱말들은 '내용어(content word)'와 '기능어(function word)'로 분류되기도 한다. 다음 예문에서는 mother, boy, arrive, tomorrow가 내용어에 속한다. 이 낱말들은 구체적이고 독립된 의미를 가지고 있다. the, of, will이 기능어에 속한다. 기능어는 어휘적 의미보다 하나의 문장을 문법적인 문장으로 만드는 데 필요한 문법적인 기능을 맡고 있는 낱말을 말한다.

The mother of the boy will arrive tomorrow.

대체적으로 내용어는 Fries가 '유어'라고 불렀던 낱말과 일치한다. 기능어란 말은 당초 Fries가 제시한 용어이다.

하나의 문장을 발음하는 경우에 원칙적으로 내용어는 강하게, 기능어는 약하게 발음한다.

Quirk *et al.*(1985: 67~68)은 내용어와 기능어 대신에 '열린 어류(open class)'와 '닫힌 어류(closed class)'란 용어를 제시하고 있다. 명사, 형용사, 완전동사(full verb) 및 부사가 열린 어류에 속하고, 전치사, 대명사, 한정사, 법조동사, 기본동사(be, have, do)가 닫힌 어류에 속한다.

그리고 이 두 어류에 속하지 않는 어류로 수사(numeral)와 감탄사를, 어느 어류에도 속하지 않는 낱말로 not을 들었다.

참조

Lyons, J. 1971. *Introduction to Theoretical Linguistics.* Cambridge. 4~15.

Jespersen, O. 1933, 1956. *Essentials of English Grammar.* 66~90.

Fries, C. 1952. *The Structure of English.* 65~141.

13

Exercises

1. 다음 문법 용어를 간략하게 설명하시오.

(1) 내용어와 기능어

2. 다음을 간략하게 논하시오.

(1) 품사 분류의 의의와 목적

Chapter 14
접속사와 접속부사

14.1 but과 however

다음 ①에서 a의 but은 접속사인데, b의 however는 접속부사이다. 접속사와 접속부사는 어떠한 차이가 있는 것일까?

① a. The situation looked desperate, **but** they didn't give up hope.

　b. The company's profits have fallen slightly. **However**, this is not a serious problem.

또한 접속사 가운데서도 but은 등위접속사인데, ②의 although는 어째서 종속접속사일까?

② They didn't give up hope, **although** the situation looked desperate.

but이 등위접속사인데 의미가 비슷해 보이는 however가 접속부사로 간주되고, although가 종속접속사에 속하는 것은 이 낱말들이 두 절을 연결하는 통사상의 방식이 다르기 때문이다.

그런데 통사상의 특성이 어떻게 다른 것일까?

14.2 설정의 기준

접속사와 접속부사 그리고 등위접속사와 종속접속사를 구별하기 위하여 Quirk *et al.*(1985)은 다음과 같은 여섯 가지의 기준을 설정하고 있다.

A. 절의 첫 자리만을 차지하며, 절 안의 다른 자리로 이동하지 못한다.
B. 두 번째 절 앞에 부가한다(즉, 첫 번째 절 앞에 부가하지 못한다).
C. 다른 접속사 다음에 쓰지 못한다.
D. 절과 절뿐만 아니라, 동사구와 동사구, 명사구와 명사구 등을 연결한다.
E. 종속절과 종속절을 연결시킬 수 있다.
F. 세 절 이상을 연결시킬 수 있다(이런 경우 마지막 절을 제외한 다른 절 앞에서는 생략할 수 있다).

다음 도표는 몇몇 접속어구가 이 기준에 어떻게 부합하는지를 보여준다.

	A	B	C	D	E	F
(등위접속사) and, or	+	+	+	+	+	+
but	+	+	+	+	+/−	−
(접속부사) yet, so, nor	+	+	×	+	−	−
however	−	+	−	−	−	−
(종속접속사) for, so that(결과)	+	+	+	−	−	−
if, because	+	+/−	−	−	−	−

이 도표는 접속어를 세 종류로 분류하는 경우, 같은 종류에 속하면서도 그 특성이 꼭 동일하지만은 않은 것을 보여준다. 등위접속사에 속하는 and와 or만 해도 같은 등위접속사에 속하는 but과는 기준 E와

F가 다르다. 위의 도표를 부연해서 설명해보자.

(1) '−'는 위에 제시한 기준이 적용되지 않음을 나타낸다.

기준 A의 경우 대부분의 접속어는 '+'가 주어져 있다. 절의 첫 자리에만 위치하며 다른 자리로 이동하지 못하는 것이다. 반면에 however가 '−'인 것은 however가 절의 중간이나 끝자리를 차지할 수 있다는 뜻이다.

③ The situation looked desperate. They didn't, ***but**, give up hope.

④ The situation looked desperate. They didn't, **however**, give up hope.

⑤ The situation looked desperate. They didn't give up hope, **however**.

이와 같은 특성은 however가 속하는 접속부사와 접속사를 구별할 수 있는 중요한 기준이 된다. 하지만 yet, so, nor에 '+'가 주어져 있듯이 모든 접속부사가 이런 특성을 갖는 것은 아니다.

(2) 기준 B의 경우 if/because에 '+/−'가 주어져 있는 것은 if/because가 이끄는 종속절이 주절 다음에 쓰이기도 하고, 주절 앞에 자리할 수도 있기 때문이다.

⑥ We'll go on a picnic **if** it's fine tomorrow.

⑦ **If** it's fine tomorrow, we'll go on a picnic.

기준 B는 종속접속사와 등위접속사나 접속부사를 구별하는 중요한 기준이 된다.

⑧ The situation looked desperate, **but** they didn't give up hope.
→ **But* they didn't give up hope, the situation looked desperate.

⑨ They didn't give up hope, **although** the situation looked desperate.
→ **Although** the situation looked desperate, they didn't give up hope.

하지만 이 경우 역시 모든 종속접속사가 '+/−'의 특성을 갖는 것은 아니다. 위의 도표에서 for나 so that은 '+'가 주어져 있다. 단, '+'가 주어진 so that은 결과절을 전제로 한다. 목적절을 이끄는 경우에는 '+/−'가 주어져야 한다.

⑩ The rush hour traffic delayed us, **so that** we arrived home late. (결과)
→ **So that* we arrived home late, the rush hour traffic delayed us.

⑪ He sold his stamp collection so that he could buy a car. (목적)
→ **So that** he could buy a car, he sold his stamp collection.

(3) 기준 C의 경우 and, but, or는 '+'가 주어져 있다. 그 앞이나 다음에 다른 접속사가 올 수 없기 때문이다. 그 앞이나 다음에 다른 접속사가 올 수 없는 것은 등위접속사의 중요한 특성이다.
because에는 '−'가 주어져 있다. 접속사인 and 다음에서도 쓰이기 때문이다.

⑫ He was unhappy, **because** he failed in the test **and because**⋯

yet 등에 '×'가 주어져 있는 것은 원래 and와 함께 쓰이면서도 이
and를 자유롭게 생략할 수도 있어, '+'나 '−'와 그 특성이 다른 것으
로 분석되기 때문이다.

⑬ He was poor, **and yet** he was very happy.
　→ He was poor, **yet** he was very happy.
⑭ I have finished **and so** has George.
　→ I have finished, **so** has George.
⑮ I haven't finished **and nor** have you.
　→ I haven't finished; **nor** have you.

(4) 기준 D의 경우, 절과 절뿐만 아니라, 동사구와 동사구, 명사구
와 명사구 등을 아주 자유롭게 연결할 수 있는 것은 and와 or이다.
but도 '+'가 주어져 있는데 but은 and나 or보다는 절보다 작은 구성
요소의 연결이 자유롭지 못하다.

yet 등에 '+'가 주어진 것은 yet 등은 그 뒤에 주어를 생략하기도
하기 때문이다. 주어가 생략되면 yet은 절과 절 대신에 동사구와 동사
구를 연결하는 기능을 갖는 셈이다.

⑯ They didn't like it, **yet** they said nothing.
　→ They didn't like it, **yet** said nothing.

(5) 기준 E의 경우, 복수의 종속절을 연결할 수 있는 접속사는 and
와 or이다. but에 '+/−'가 주어져 있는 것은 but이 단지 두 개의 '특
정한' 종속절을 연결할 수 있을 뿐이기 때문이다. 여기서 '특정한' 절이
란 that이 이끄는 종속절 또는 시간을 나타내는 종속절을 가리킨다.

⑰ She said that <u>he would come,</u> **but** <u>that he might be late.</u>
⑱ I ate <u>before John got up,</u> **but** <u>after Mary went out.</u>

(6) 기준 F를 만족시켜 주는 접속어는 and와 or에 한한다.

⑲ The wind roared, **(and)** the lightning flashed, **and** the sky was suddenly as dark as night.

⑳ The battery may be disconnected, **(or)** the connection may be loose, **or** the bulb may be faulty.

14.3 분류의 기준과 특성

되풀이가 되지만 접속어를 등위접속사와 종속접속사, 그리고 접속부사로 분류할 때, 각 종류에 속하는 접속어들의 특성이 동일하냐면 꼭 그렇지는 않다.

그러기 때문에 and나 or를 대표적인 등위접속사로, if나 because를 대표적인 종속접속사로 간주할 때, 예를 들어 등위접속사에 속하는 특성의 일부와 종속접속사에 속하는 특성의 일부를 아울러 가지면서 and/or와도 다르고, if/because와도 다른 for는 과연 어떻게 다루는 것이 가장 타당할 것인가 하는 문제가 제기될 수 있다.[1]

도표가 보여주듯이 Quirk *et al.*은 for를 일단 종속접속사에 속하는 것으로 다루고 있지만 전통문법에서 for는 대체적으로 등위접속사로 설명이 되어져 왔다.

for를 and/or와 똑같은 등위접속사로 간주한다면 그것은 for가 and/or와 특히 A, B, C의 특성을 공유하는 사실을 중요시하기 때문이다. 그리고 for를 종속접속사로 간주한다면 그것은 for가 if/because와 D, E, F의 특성을 공유하기 때문이다.

등위접속사로 다루건 종속접속사로 간주하건, for는 and/or와도 차이가 있고 if/because하고도 차이가 있다. 그리고 이는 nor나 so, yet

---

1) 예를 들어 Curme(1947: 152)은 가장 일반적인 등위접속사로 and, or, but, for를 들었는데 Zandvoort(1957: 227)는 여기에 nor를 하나 더 덧붙이고 있고, Roberts (1954: 231)는 yet과 so까지를 등위접속사에 포함시키고 있다.

에도 해당이 된다.[2]

참조

Quirk *et al.* (1985) *A Comprehensive Grammar of the English Language.* 921~928.

---

2) Quirk *et al.*(1985: 928)은 for나 so that을 일단 종속접속사로 분류하면서도 등위접속사와 종속접속사의 중간에 위치하는 '준등위접속사(semi-coordinator)'로 고쳐 부르고 있다. 그리고 and/or와도 특성의 일부를 공유하며 however/ therefore 등 대표적인 접속부사와도 일부 특성을 공유하는 yet/so/nor를 역시 준등위접속사로 불렀다.

Chapter 15
as의 용법
— 접속사로 쓰이는 as와 관계대명사로 쓰이는 as

15.1 as의 품사

　　as는 전치사와 접속사로도 쓰이고 관계대명사적인 용법도 있다. 접속사의 경우 as만큼 그 용법과 의미가 다양한 접속사도 없다.

　　여기서는 접속사와 관계대명사로 쓰이는 as의 유의할 만한 용법을 짚어본다.

　　다음에서 ①의 as는 접속사이고 ②의 as는 관계대명사이다.
　　①과 ②의 차이는 무엇일까?

①　a. I met him **as** I was getting off the bus.
　　 b. **As** he was out, I left a message.
②　a. They fed on *such food* **as** you can buy in a snack bar.
　　 b. *Such people* **as** believe that are very naive.

　　①에 나오는 as가 접속사인 것은 이 as가 '접속사는 (낱말과 낱말, 구와 구 그리고) 절과 절을 연결하는 기능을 갖는다'라는 정의를 충족시키기 때문이다. ①에서 a의 as는 I met him과 I was getting off the bus를 연결하고 b의 as는 he was out과 I left a message를 연결시켜주고 있다.

　　한편 ②에 나오는 as를 접속사 아닌 관계대명사로 간주하는 것은 as

가 선행절의 일부를 선행사로 삼는 동시에, 두 번째 문장의 필수 구성
요소가 되고 있기 때문이다. ②에서 a의 as는 such food를 선행사로
삼는 동시에 (you can) buy의 목적어이기도 하고, b의 as는 such
people을 선행사로 삼는 동시에 believe that의 주어이다.

하기는 관계대명사라지만, 좀 더 정확하게는 as는 의사(疑似)관계대
명사이다. who, which, that과 달리 선행사가 such, same 등의 수식
을 받아야 하는 등 관계대명사로서의 용법이 제한되어 있기 때문이다.
또한 선행사에 해당하는 절이 관계절에 선행하지 않고, ③처럼 그 뒤
에 이어지는 것도 as에 한한다.

③ **As** was natural under the circumstances, he changed his will.
  (= He changed his will, **which** was natural under the circum-
    stances.)

15.2 관계대명사로 쓰이는 as의 유의할 용법

관계대명사로 쓰이는 as에도 제한적 용법과 비제한적 용법이 있다.

A. 제한적 용법
(1) same/such + 명사 다음에 쓰인다.
④ You're making *the same mistake* **as** you made last time.
⑤ He is *such a good player* **as** I have seldom seen in this
   country.
⑥ He was not half *such a coward* **as** we took him for.
   (그는 우리가 그러리라 생각했던 그 반절만큼도 겁쟁이는 아니었다.)
⑦ We should teach children *such things* **as** will be useful for
   them in later life.

④~⑥의 as는 종속절의 목적어이고, ⑦의 as는 종속절의 주어이다.

(2) as/so + 형용사 + 명사 다음에 쓰인다.

⑧ He is *as honest a man* **as** ever lived.

  (= He is as honest as any man that ever lived.)

⑨ *As many men* **as** came were arrested.

  (온 사람은 전부 체포당했다.)

⑩ We've got food for *as many people* **as** want it.

⑪ She gave me *so terrified a look* **as** made me shudder.

  (그녀는 나를 떨게 할 만큼이나 공포에 질린 눈초리로 나를 보았다.)

B. 비제한적 용법

다음 ⑫~⑬에서처럼 선행절 다음에 쓰인다. 이 ⑫~⑬은 as를 which로 바꿀 수 있다. 또한 ⑭~⑯처럼 관계절이 선행절에 해당하는 주절에 앞서기도 한다.

⑫ Gordon felt very guilty, **as** he often did where his children were concerned.

⑬ He is a foreigner, **as** is evident from his accent.

⑭ **As** is usual with old people, our grandfather gets up very early in the morning.

⑮ **As** is always the case with success, the last efforts were the greatest.

⑯ **As** was expected, our team won the game.

⑫~⑬의 경우 as는 which로 바꾸어 쓸 수 있지만, ⑭~⑯처럼 관계절이 선행절에 앞서 쓰일 수도 있는 점에서 as는 which와 다르다. 또한 as가 이끄는 관계절에서는 원칙적으로 부정형이 쓰이지 않는다는 점도 which와 다르다.

⑰ John is very intellectual, { **which/as** *everybody* knows.
                               which/*as *nobody* knows.

⑱ **As** often/***As** *seldom* happens at such parties, a lot of people got drunk.

15.3 접속사로 쓰이는 as의 유의할 용법

(1) 접속사로 쓰이는 as는 ① 시간 ② 이유 ③ 비교 ④ 양보 ⑤ 양태 등을 나타낸다.

⑲ I met him **as** I was getting off the bus. (시간)

⑳ **As** he was out, I left a message. (이유)

㉑ He is as tall **as** I am. (비교)

㉒ Happy **as** they were, there was something missing. (양보)

㉓ Do **as** I say. (양태)

(2) '양보'를 나타내는 as는 다음 ㉔처럼 보어(또는 부사)로 문장을 시작한다.

㉔ *Satisfied* **as** he was, …

 Freezing **as** it was, …

 Weak **as** she is, …

 Much **as** I regret your decision, …

㉔와 같은 어순의 양보 구문은 특히 문장의 앞자리를 차지하는 요소를 강조하는 기능을 갖는다. 그러므로 다음 ㉕는 ㉖과 의미가 같다.

㉕ *Cold* **as** it was, I went out.

㉖ Although it was *very cold*, I went out.

(3) as가 이끄는 종속절이 이유를 나타내는 경우에도 ㉔와 같은 어순의 구문이 쓰이기도 한다. 다음 ㉗에서 a는 양보를 나타내지만, b는

이유를 나타낸다. ㉗의 경우 a를 양보로, b를 이유로 해석하는 근거는 주절과의 논리적 관계이다.

㉗ a. Old **as** he is, he is strong. (양보)
    b. Old **as** he is, he is weak. (이유)

(4) 특히 미국영어의 경우 양보를 나타내는 ㉘a는 ㉘b처럼 문장의 첫머리에 as를 하나 더 부가하기도 한다.

㉘ a. **Cold as** it was, I went out.
→ b. **As cold as** it was, I went out.

예를 추가해 보자.

㉙ a. **As different as** we all were, we'd share this bond.
      (우리는 모두가 서로 달랐지만 그러면서도 이와 같은 유대관계를 공유할 것이었다.)
    b. **As dynamic and unusual a candidate as** he was, he still wouldn't manage to convert the enthusiasm into votes. — Michelle Obama, *Becoming*
      (그는 역동적이고 비범한 입후보자이기는 했으나, 그에 대한 사람들의 열성을 표로 전환시킬 수 있는 능력을 발휘하지는 못할 것이었다.)

15.4 관계절과 주석절(註釋節, comment clause)

(1) 앞서 언급한 ⑫~⑯에 나오는 as가 (비제한적인 용법의) 관계대명사인 것은 분명하다. 그런데 ⑫~⑯에 쓰인 as와 용법이 비슷한 ㉚의 as가 관계대명사라면, was expected와 voice(태)가 다를 뿐인 we expected를 이끄는 ㉛의 as도 관계대명사일 터이다.

㉚ **As** was expected, our team won the game.

㉛ **As** we expected, our team won the game.

그리고 ㉛의 as we expected의 as가 관계대명사라면, 구조가 비슷한 다음의 as도 관계대명사일 터이다.

㉜ **as** you say

as we all know

as they say

as I remember

(2) 실상 Quirk *et al.*이나 Declerk는 ㉛, ㉜에서 쓰인 as를 관계대명사로 기술하고 있다. Quirk *et al.*(1985: 1116)에 의하면, 다음 as는 관계대명사이다.

㉝ I live a long way from work, **as** you know.

그리고 ㉝처럼 as가 관계대명사로 쓰이는 어구로는 다음이 있다.

㉞ **as** I can see, **as** I have said, **as** I'm told, **as** you may have heard

그런데 Quirk *et al.*은 ㉝~㉞의 as를 관계대명사로 기술하는 한편 ㉟의 as는 접속사로, as가 이끄는 종속절은 부사절로 설명한다. as 아닌 it이 선행절을 가리키기 때문이다.

㉟ He is the best candidate, *as* **it seems.**

(겉으로 보기에 그는 입후보자로 가장 적합하다.)

이 as it seems와 유사한 표현으로 다음이 있다.

㊱ **as** it appears, **as** it happens, **as** I see it, **as** I interpret it.
　　as I remember it, **as** I understand it

그런데 ㊱의 어구들은 부사구를 수반하는 경우, ㊲이 보여주듯이 it
이 생략되기도 한다. as I remember/understand it의 it도 흔히 생략된
다. 그런데 it이 생략되면 as는 접속사에서 관계대명사로 바뀐다.

㊲ as appears *likely*, as *often* happens, as seems *likely*,
　　as was said *earlier*, as I remember, as I understand

관련된 예를 들어보자.

㊳　a. **As** it appears, she has read widely. (접속사)
　　b. **As** appears from her essay, she has read widely.
　　　(관계대명사)
㊴　a. **As it seems**, he is the best candidate. (접속사)
　　b. **As seems** likely, he is the best candidate. (관계대명사)

참고로 as happens, as appears, as seems와 유사하면서 하나의 숙
어로 고정된 어구에 as follows, as regards가 있다.

㊵ The winners were **as follows**: in third place, Mandy Johnson;
　　in second place ···
　　(승자는 다음과 같았다. ···)
㊶ **As regards** a cure for the disease, very few advances have
　　been made.
　　(그 질병의 치료제와 관련해서는 이루어진 진전은 아직은 미미하다.)

㊳, ㊴b에 속하는 예를 또 하나 들어보자.

㊷ ··· **as often happened** when world leaders showed up in London
for official events, the Queen would also have everyone over
to Buckingham Palace for a ceremonial hello.
— Michelle Obama, *Becoming*
(공식적인 행사에 참석하기 위해서 외국의 지도자들이 런던을 방문했을
때, 흔히 있는 일이었지만 여왕께서는 그분들을 궁전에 초대하여 예식
을 갖춘 환영행사를 했다.)

Declerk(1991: 545) 역시 ㊳~㊴의 b에 나오는 것과 같은 as가 이끄
는 절은 관계절로 기술하고 있다. 다만 그는 그가 관계절로 간주하는
이 as절을 관계절이 아닌 comment clause(주석절)로 분석하는 관점도
있다는 단서를 달았다.

(3) Declerk가 언급한 주석절이란 어떤 절을 말하는 것일까?
주석절은 '주절의 내용이 사실임을 입증하기 위해서 화자나 제3자의
관점을 부연한' 절로, 문장부사적 기능을 갖는다.
주석절의 예에 다음이 있다.

㊸ Kingston, **as you probably know,** is the capital of Jamaica.
㊹ There were no other applicants, **I believe,** for the job.
㊺ **What was more upsetting,** we lost all our luggage.

㊸~㊺는 Quirk *et al.*(1985: 1112)에서의 인용인데, 한편에서는 as
you probably know를 관계절로 기술하고 또 한편에서는 comment
clause로 예시하고 있는 점으로 미루어, Quirk *et al.*은 ㉙, ㉚의 as절
을 구조상으로는 관계절로, 기능상으로는 comment clause로 보고 있
는 것으로 이해할 수 있다.

(4) 권위 있는 영영사전들로 눈을 돌려 보자.

유수의 영영사전들은 하나같이 as를 관계대명사가 아닌 접속사로 설명한다.

LDOCE(2016)

as: 3. used to say that what you are saying is already known or has been stated before. (지금 말하고 있는 내용이 이미 알려져 있거나 앞서 언급한 사항이라는 뜻을 나타내는 데 쓰인다.)

Davis, **as** you know, has not been well lately.

OALD(2000)

as: 4. used to make a comment or to add information about what you have just said. (금방 한 말에 대해서 부연하거나 관련된 정보를 부가할 때 쓰인다.)

As you know, Julia is leaving soon.

Macmillan English Dictionary(2002)

as: 2. used for referring to what is known. (이미 알려져 있는 사실에 관해서 언급할 때 쓰인다.)

As everyone knows, the farming industry is in serious difficulties.

조금씩은 다르지만, 위에 제시한 세 사전의 기술은 'as는 주절의 내용을 확인하고 주석(註釋, comment)을 부가하는 데 쓰인다'로 집약할 수 있다. 이 사전들은 as를 접속사로 규정하고, 이 as가 이끄는 절을 문장부사적인 기능을 갖는 것으로 설명을 하고 있는 셈이다.

(5) 위와 같이 as에 대한 소론은 관점에 따라 차이가 있다.

과연 ㊲의 as는 관계대명사로 보는 것이 타당할까, 접속사로 보는 것이 타당할까? as가 이끄는 절은 관계절일까? 주석절일까?

앞서 언급했듯이 Declerk는 as가 이끄는 절을 관계절로 기술하면서도 이 as절을 주석절로 분석하는 관점도 있다는 단서를 달았다.

그런 Declerk과는 반대로 '㊲의 as절은 주석절이다'에 '단, 이를 관계절로 분석하는 관점도 있다'란 단서를 달면 어떨까?

Chapter 16
특수구문: 변칙적 의문문과 변칙적 종속절

16.1 변칙적 의문문

여기서 변칙적 의문문이란 정상적인 의문문이 갖추고 있어야 할 형식을 제대로 갖추지 않은 의문문을 말한다.

16.1.1 What if…

다음은 Michelle Obama의 *Becoming*에서 인용한 것이다.

① **What if** someone with an unstable mind loaded a gun and drove to Washington? **What if** that person went look-ing for our girls? (누군가 정신적으로 불안정한 사람이 총을 들고 차를 몰아 워싱턴으로 달려오면 어쩔 것인가? 혹시라도 그 사람이 우리 딸들을 노린다면 어쩔 것인가?)

What if…?의 용법은 다음과 같다.

(1) '특정한 상황, 특히 바람직하지 않은 어떤 상황이 생긴다면 그 다음엔 어쩔 것인가, 어떻게 될 것인가(= what happens if…/what would happen if…?)'란 뜻을 나타낸다.

② **What if** something goes wrong?

③ **What if** the train is late?

what if…?가 이끄는 종속절은 가정의 정도에 따라 직설법이 쓰이기도 하고 가정법이 쓰이기도 한다.

④ 　A: I'm going to climb up the tree.

　　B: No! **What if** you slipped?

(2) 상대방에게 무엇을 제안할 때 쓰인다.

⑤ **What if** you join us for lunch?

⑥ **What if** we moved the sofa over here? Would that look better?

(3) if가 이끄는 종속절의 내용이 대수롭지 않다(= What does it matter if…?)는 뜻을 나타낼 때 쓰인다.

⑦ 　**What if** she is poor? I love her.

⑧ 　A: They may find out.

　　B: So **what if** they do? I don't care.

16.1.2 What/How about…?

What/How about은 그 다음에 대명사, 명사(구) 또는 동명사(구)를 수반한다. What about…?와 How about…?는 대체적으로 용법이 같다.

What/How about…?의 용법은 다음과 같다.

(1) 어떤 제안을 할 때
⑨ **What about** a break? (좀 쉬면 어떨까?)
⑩ **What about** a trip to Gyeongju?
⑪ **How about** dinner at that Chinese restaurant next week?
⑫ **What about** going to a movie?
⑬ **How about** going for a walk?

(2) 어떤 사람이나 사물에 관한 정보를 요구할 때
⑭ I like skiing and skating. **What about** you?
   (= What sports do you like?)
⑮ **How about** Christie? Have you heard from her?
⑯ I'm having fish. **What about** you?

특히 What/How about you?는 화자의 입장에서 의견이나 선호하는 바를 먼저 말한 다음에 상대방이 원하거나 선호하는 것을 물을 때 쓰인다.

(3) 상대방에게 어떤 사람이나 사물을 상기시킬 때, 또는 어떤 사람이나 사물을 어떻게 하면 좋을 것인지 그 처리에 관해서 물을 때

⑰ A: I need to leave — something has come up.
    B: **What about** the meeting?
       (= Then what should we do about the meeting?)
    A: We can reschedule it.
⑱ A: You can throw this one away.
    B: **What about** the others?
       (= What should be done with the others?)
    A: Those I want to keep.

(4) 대화의 내용과 관련이 있는 제3자나 사물을 새로운 화제로 삼으려 할 때, 또는 상대방이 한 말에 이의(異議)를 제기할 때

⑲ **What about** Kevin? What's he doing nowadays?
⑳ And **what about** your other promise?

What about…? 대신 What of…?이 쓰이는 수가 있다. What of…?은 격식성이 높다. How about…? 대신에는 How's about…?가 쓰이는 수가 있다. How's about…?는 격식성이 아주 낮다.

16.1.3 How come?

상대방이나 제3자가 한 말을 듣거나 행동을 보고 (특히 그런 말이나 행동이 예상하지 않았던 것일 때) 그 이유를 묻는 데 쓰인다.

㉑ **How come** John's staying home? Isn't he feeling well?
㉒ A: I don't like him at all.
　 B: **How come?**
㉓ **How come** no one told me?

16.1.4 So what?

상대방이 금방 한 말이 화자에게는 중요하지 않거나 관심이나 관련이 없는 일임을 표명할 때 쓰인다.

㉔ A: They will come to question you.
　 B: **So what?** I have nothing to hide.
㉕ A: She didn't invite us to the party.
　 B: **So what?** I don't care.

16.1.5 What for?

What for는 for what reason or purpose(무슨 이유로/무슨 목적으로)라는 뜻을 갖는다. 다음 ㉖, ㉗의 축약형으로 볼 수 있다.

㉖ **What** did you do that **for**? (이유)

㉗ **What** is this tool **for**? (목적)

이유를 나타내는 what for는 why로 바꿔 쓸 수 있다.

㉘ **What** did you do that **for**?

   → **Why** did you do that?

㉙ A: I need to have your name and home address.

   B: **What for**?(= **Why** do you need to have my name and home address?)

   (A: 이름과 주소를 대시오.

    B: 어째서요?)

16.1.6 Now what?/What now?

Now what?과 What now?는 의미가 같다.

다음은 Mitch Albom의 *tuesdays with Morrie*로부터의 인용이다.

㉚ But the world did not stop, it took no notice at all, and as Morrie pulled weakly on the car door, he felt as if he were dropping into a hole.

   Now what? he thought.

㉚에서 주인공인 Morrie 교수는 의사로부터 자신이 ALS(Amyotrophic

lateral sclerosis, 근위축성측색경화증(筋萎縮性側索硬化症))란 병에 걸려 앞으로 얼마 못 산다는 선고를 받고 충격을 받는다. 그런데 밖으로 나온 Morrie 교수는 그를 둘러싼 세상이 그의 충격과는 아랑곳없이 전과 다름없이 돌아가고 있는 것을 발견한다. 승용차의 문을 힘없이 붙잡고 잡아당기면서 Morrie 교수는 마치 구멍 속으로 빠져 들어가는 듯한 느낌이 든다. 그리고 그는 생각한다. *Now what?*

㉚의 **Now what?**(또는 **What now?**)은 '이제 어쩌지?(what should be done next)'라는 의미를 갖는다.

Now what?/What now?에는 '앞으로 어떻게 될까?(What is going to happen?)'라는 뜻도 있다.

16.2 변칙적 종속절

정상적인 종속절은 주절과 함께 쓰인다.

그런데 마치 독립된 문장처럼 주절 없이 쓰이는 종속절이 있다. 여기서 말하는 '변칙적 종속절'이란 이런 종속절을 말한다.3)

16.2.1 That S + should…!

㉛ **That he should** have left without asking me!
(내 허가도 받지 않고 떠났다니!)
That you could ever want to marry such a man!
(아니, 저런 남자와 결혼하고 싶다니!)
That it should come to this!
(결국 그게 이런 결과를 초래하다니!)
That I should live to see such ingratitude!

---

3) 다음 예문은 주로 Quirk *et al.*(1985: 841~842)에서 인용한 것이다. Quirk *et al.*은 이 변칙적 종속절을 irregular sentence라고 부르고 있다.

(살다보니 저런 배은망덕한 꼴도 다 겪게 되는구나!)

㉛에는 주어 다음에 주로 should가 쓰였는데, 이 should는 이른바 'emotive should'라 불리는 should이고, 화자의 의외로움, 놀라움, 못마땅함, 노여움, 섭섭함 등을 반영한다. 변칙적인 종속절인 ㉛은 떨어져 나간 주절이 마치 '(…가 의외여서/놀라워서, 섭섭해서) 말이 나오지 않네!'란 뜻을 대변하고 있는 것 같은 의미를 나타낸다.

'emotive should'가 쓰이고 있는 정상적인 종속절로는 다음이 있다.

㉜ I regret that she *should* have married him.
It is strange that he *should* refuse to see you.

16.2.2 To think (that)…(!)

㉝ **To think that** she could be so ruthless!
(아니, 그녀가 그렇게 몰인정하다니!)
To think that I was once a millionaire!
(나도 한때는 남부럽지 않은 부자였어!)
To think he lied to me.
(아니, 그가 나한테 거짓말을 했다니!)

To think…!도 화자가 받은 충격, 놀라움, 아쉬움 등을 나타낸다.

16.2.3 If only…(!)

㉞ **If only** she *loved* me in return!
(내가 그녀를 사랑하는 만큼 그녀도 나를 사랑한다면!)
If only I'd *listened* to my parents!
(그때 부모님 말씀만 들었다면! (후회막급이야.))

If only는 I wish와 뜻이 같다. 다만 If only…가 I wish보다 의미가 강하다.

③⑤　**If only** I were rich.
　　 = **I wish** I were rich.

wish가 그렇듯이 If only도 이루어지기 어려운 현재의 소망이나 상황을 나타낼 때는 동사가 과거형이, 돌이킬 수 없는 과거의 상황에 대해서 말할 때는 과거완료형이 쓰인다. 미래는 다음과 같이 <u>would + 동사</u>로 나타낸다.

③⑥　**If only** it *would* stop raining!

Chapter 17
이삭줍기

17.1 than의 품사

1) than은 접속사로도 쓰이고 전치사로도 쓰인다.

①   a. He is taller **than** I am.   (접속사)
      b. He is taller **than** I.   (접속사)
      c. He is taller **than** me.   (전치사)

(①a의 than이 문장과 문장을 연결하는 접속사인 것은 너무나 분명하므로, 논외로 하고) ①b의 than을 접속사로 간주하는 것은 I가 I am의 생략형이기 때문이다. 말을 바꾸자면 b의 I는 I am으로 복원시킬 수가 있다.

그런데 격식성이 낮은 일상체에서는 b의 I 대신에 흔히 me가 쓰인다. me가 쓰였을 때 than은 전치사로 간주된다. 대명사를 수반하는 경우, 목적격을 쓰기 마련인 것이 전치사이기 때문이다. 말할 것도 없이 전치사 다음을 잇는 me는 절로 복원이 되지 않는다.

다음 ②의 than도 전치사이다.

②   I weigh more **than** 200 pounds.
    It goes   faster **than** 100 miles per hour.
    Do you sleep less **than** 5 hours a day?

than이 전치사인 것은 200 pounds나 100 miles per hour, 5 hours a day와 같은 수량을 나타내는 명사구를 수반하는 경우, 이 명사구가 절의 생략형은 아니기 때문이다.

2) than과 관련된 흥미로운 예로는 다음도 있다.

③ a. She is more clever **than** pretty.

(그녀는 예쁘다기보다는 영리하다.)

b. She is more clever **than** she is pretty.

(그녀는 예쁘기도 하지만 그보다 영리하다.)

a와 b는 괄호 안의 해석처럼 뜻이 다르다. a의 than pretty를 절로 바꾸어 쓰지도 못한다. a의 than은 전치사이고 b의 than은 접속사이다.

17.2 how와 관계부사

관계대명사를 만드는 who나 which, 또는 관계부사를 만드는 where, when, why는 기본적으로 의문사에 속한다. 그런데 이 낱말들을 의문사와 관계사로 나누는 경우 중요한 기준이 되는 것은 선행사이다. 관계사는 선행사를 필요로 하고 의문사는 선행사와 함께 쓰이지 않는다(관계대명사로 쓰이는 what은 선행사를 what 자체가 포함하고 있는 셈이고, that은 의문사는 아니지만 관계사절을 만드는 경우 선행사와 함께 쓰인다).

의문사

① **Who's** coming?

Where do you live?

When did we meet?

Why didn't you join us?

관계사

② Can you think of **anybody who** will help us?

Do you remember **the place where** we first met?

Do you remember **the day when** we first met?

Is there any **reason why** you didn't join us?

관계부사 where, when, why는 선행사가 각각 장소, 시간, 이유를 나타내는 place, time(또는 day), reason일 때는 선행사 없이 쓰이기도 한다.

③ This is **(the place) where** the car accident occurred.

Sunday is **(the day) when** I am free.

That's **(the reason) why** I refuse to accept your proposal.

또는 선행사가 남고 관계부사가 생략되기도 한다.

④ We need **a place** we can stay for a few days.

Come and see us **any time** you have time.

Is there **any reason** you can't do so?

또한 관계부사는 다음처럼 <u>전치사 + 관계대명사</u>로 풀어 쓸 수도 있다.

⑤ Do you remember the place **at which**(= where) we first met?

Do you remember the day **on which**(= when) we first met?

That's the reason **for which**(= why) I refuse to accept your proposal.

문제는 how이다. how는 위에서 언급한 관계부사와 다음과 같은 유사점과 차이점이 있다.

유사점

how도 위의 ⑤와 비슷한 구문을 만든다.

⑥ Tell us **how** the accident occurred.
  = Tell us the way **in which** the accident happened.
  How you deal with the matter is none of my business.
  = The way **in which** you deal with the matter is none of my business.

⑥은 in which를 생략할 수도 있다. in which가 생략된 ⑦은 ④와 비슷해 보인다.

⑦ Tell us **the way** the accident happened.

차이점

how는 선행사를 갖지 않는다. 따라서 ⑤의 경우라면 <u>전치사 + 관계대명사</u>를 괄호 안의 관계부사로 바꾸어 쓸 수 있지만, how의 경우 다음 ⑧a는 비문법적이다. ⑧a는 ⑧b로 고쳐야 한다.

⑧ a.*Tell us the way **how** the accident happened.
  → b. Tell us **how** the accident happened.

그러므로 선행사의 사용 여부를 의문사와 관계사를 판별하는 기준으로 삼는다면, how는 의문사이지 관계사가 아니다. 위에 나오는 ③은 선행사가 생략된 관계부사의 예를 보여주지만, 이 경우의 선행사의 생략은 자의적이지 의무적인 것이 아니다. 선행사를 사용해서는 안 되는 how와는 경우가 다른 것이다.[1]

---

1) *Oxford English Dictionary*에는 17세기 말까지만 해도 the way how…와 같은 구문이 쓰이다가 폐용(廢用, obsolete)되었다는 기술이 나온다.

17.3 and의 의미

(1) Bolinger(1977: 7)에 의하면 다음 ①a와 b는 의미가 다르다. a가 그저 '그녀가 산 물건의 품목을 제시'하는 데 그치고 있다면, b는 '그녀가 물건을 지나치게 많이 샀다'라는 뜻을 함축한다.

① a. She **bought** a red dress, a green one, and a blue one.
   b. She **bought** a red dress, she **bought** a green dress, and she **bought** a blue dress.

and에 의한 동일한 동사의 반복은 그와 같은 행위나 동작의 계속 또는 반복을 여실히 드러내는 데 쓰이는 것이다.

(2) 다음은 한 현대 영국 소설에서의 인용이다.

② Marie Claude has given everything for you. She has **worked, worked, worked and worked**.
   — Kazuo Ishiguro, *Never Let Me Go*
   (Marie Claude는 당신을 위해서 몸과 마음을 바쳤어요. 당신을 위해서 시도 때도 없이 일만 했어요.)

②에는 'Marie Claude가 당신을 위해서 열심히 일을 했다'라는 뜻을 강조하기 위해서 네 번이나 worked가 나온다.

다음과 같은 비교적 오래 된 문법서에는 how가 관계부사로 기술이 되어 있기도 하다.
C. T. Onions, *Modern English Syntax*, 1904, 1971: 57.
J. G. Nesfield, *Modern English Grammar*, 1912, 1966: 100~101.
O. Curme, *English Grammar*, 1925, 1969: 25.

다음과 같은 예도 있다.

③ I **played and played and played** until I played out.
— John Leland, *Happiness is a Choice You Make*
(나는 지칠 때까지 진탕 놀기만 했다.)

④ We ··· and **talked and talked and talked**. We pooled our
thoughts and experiences, offering advice or funny stories, or···
— Michelle Obama, *Becoming*
(우리는 쉴 새 없이 입을 놀렸다. 서로 우리가 생각하고 경험했던 이야
기들을 쏟아냈고, 조언도 했고 우스꽝스러운 이야기도 늘어놓았고···)

(3) 다음은 and와 관련된 표기법에 따라 and가 다르게 해석되는 예
이다. (Quirk *et al.*(1985: 1446))

⑤ a. I saw Miriam **and** Walter.
b. I saw Miriam, **and** Walter.
c. I saw Miriam — **and** Walter!
d. I saw Miriam. **And** Walter.

a~d 사이에는 다음과 같은 의미 차이가 있을 수 있다.

(a) Miriam과 Walter는 늘 함께 다니는 한 쌍일 수 있다.
(b) Miriam을 만났고 Walter도 만났다. Miriam과 Walter를 늘 함께
다니는 한 쌍으로 만난 것은 아니다.
(c) ‘Miriam을 만났는데 거기에다 (예기치 않던) Walter까지도’라는
뜻을 나타낸다.
(d) ‘Miriam을 만났다. 그리고 (생각해보니, 참) Walter도’라는 뜻을
나타낸다.

17.4 관계대명사 that의 선행사

(미국의 대표적인 현대작가 중 하나인 Philip Roth로부터의 인용인) 다음 ①
을 우리말로 옮겨보자. 이 ①에 나오는 이야기의 배경은 아래와 같다.

…부친이 죽는다. 빈소에 두 아들이 찾아온다. 이 두 아들은 파란이 많았던
부친의 첫 번째 결혼의 소산으로 이혼을 당한 모친이 키웠기 때문에 부친에
대해서 좋은 감정은 가지고 있지 않다.

① And there were his two sons, Randy and Lonny, middle-aged
men from his turbulent first marriage, very much their mother's
children, who as a consequence knew little of him **that** was
praiseworthy and much **that** was beastly and who were present
out of duty and nothing else.
— Philip Roth, *Everyman*

이 ①에 나오는 관계대명사 that의 선행사는 무엇일까?
첫 번째 that의 선행사는 little이고, 그 다음에 나오는 that의 선행사
는 much이다.

Jespersen(1933, 1956: 363)에는 관계대명사 that의 용법과 관련해서
다음과 같은 설명과 예문이 나와 있다.

After *much, little, few, that* is generally, but not always, used:

His writings contain *little* **that** is new and startling, but
much **that** is old and even trite. (그가 쓴 글은 참신하고 괄목할
데라고는 별로 없고, 낡고 진부한 것들이 많다.)

다음 ②는 ①을 우리말로 옮긴 것이다.

② 그리고 그의 두 아들 Randy와 Lonny가 참석을 했다. 이제는 중년이 된 그 두 아들은 파란이 많았던 그의 첫 번째 결혼의 소산이었는데, 이혼을 당한 첫째 아내가 키운 엄마편의 자식들이어서 부친에 관해서는 훌륭했던 점은 별로 알지 못하고 매정했던 점은 많은 것을 알고 있었다. 그들이 찾아온 것은 순전히 자식으로서의 의무감 탓이었다.

17.5 의사(疑似) 목적보어

(1) 다음 ①에 나오는 cold는 문법적으로 어떻게 설명할 수 있을까?

① (식사 준비를 제대로 할 수 없게 된 화자가 변명삼아 하는 말이다.)
We were having ducks for lunch — fortunately they are quite nice eaten **cold**.
— Agatha Christie, *The Hollow*

①의 cold는 이른바 '의사 목적보어'에 해당한다. 목적보어가 완전한 문장(S+V+O+C)을 만드는 데 필수적인 요소를 가리킨다면, 의사목적보어는 S+V+O만으로도 완전한 문장은 만들지만, 목적어를 좀 더 부연할 필요가 있어 S+V+O 다음에 덧붙인 어구(주로 형용사)를 가리킨다.

(2) 목적보어와 의사 목적보어의 예를 들어 보자.

목적보어
② Her parents named her **Sophia** after her grandmother.
    We hold you **responsible**.
    The long walk made me **hungry**.

I pushed the door **open**.

I consider him **trustworthy**.

의사 목적보어

③ Do you eat fish **raw**?

(생선을 날로 먹어요?)

I like my coffee **black**.

(나는 밀크와 설탕을 타지 않은 커피를 마시기를 좋아한다.)

①을 우리말로 옮기면 다음과 같다.

④ 마침 점심때는 오리를 먹을 참이었어요. 다행히도 오리는 식은 대로 먹어도 먹을 만해요.

그러니까 they(= ducks) are quite nice eaten cold는 eat them(= ducks) cold의 수동형이고, quite nice는 eat them에 걸리는 부사이다.

(3) 목적어와 (의사) 목적보어는 의미상 주어와 술부의 관계를 갖는다. 그렇다고는 하지만 다음 ⑤의 a와 b는 주어와 술부의 의미관계가 조금 다르다.

⑤   a. They eat fish **raw**.
    b. We painted the walls **white**.

⑤a에 나오는 raw는 생선을 먹을 때의 생선의 동시적 상황/상태를 나타내지만, b의 white는 벽에 페인트칠을 한 다음의 결과를 나타낸다. 예를 추가해 보자.

(a) 행위가 일어날 때의 목적어의 부대상황을 나타내는 의사 목적보어

⑥ drink coffee **black**
buy/sell the house **cheap**
serve food **hot/cold**
return a letter **unopened**

(b) 행위가 목적어에 영향을 미친 결과를 나타내는 의사 목적보어

⑦ cut hair **short**
boil an egg **soft**
sweep the floor **clean**
knock someone **senseless**

17.6 동격구문

1) 전형적인 동격구문에 ①이 있다.

① <u>Franklin Clarke</u>, <u>the dead man's only brother</u>, is a doctor.
       A   B

①과 관련된 문법사항을 정리해 보자(편의상 주요어인 Franklin Clarke를 A 요소, 동격어인 the dead man's only brother를 B 요소라 부른다).

(1) A 요소와 B 요소는 동일인을 가리키고, 똑같이 주어의 구실을 한다.
(2) A 요소와 B 요소는 다음 a와 같은 의미를 내포하고, b처럼 풀어 쓸 수 있다.

a. Franklin Clarke is the dead man's only brother.

b. Franklin Clarke, who is the dead man's only brother, is a doctor.

(3) B 요소는 부정관사 또는 정관사로 시작하기도 하고 무관사로 시작하기도 하는데, 관사의 부가 여부는 이 동격구문을 a의 형식으로 풀어 썼을 때 보어에 부가하는 관사의 유무에 준한다.

② Ann, **my** best friend, was here last night.
(Ann is **my** best friend.)

③ Paul Jones, **a** distinguished art critic, died in his sleep last night.
(Paul Jones was **a** distinguished art critic.)

④ Robert King, director of the foundation, has just called you.
(Robert King is director of the foundation.)

(4) A 요소를 주요어라고 부르는 것으로도 알 수 있듯이, 의미상으로나 문법적으로 비중이 큰 것은 A 요소이다. 다음 ⑤~⑥은 이 비중상의 차이를 잘 보여준다. 즉, ⑤는 '(Donald Trump) 미국 대통령이…'라는 뜻을, ⑥은 '(미국 대통령인) Donald Trump가…'라는 뜻을 나타낸다.

⑤ While <u>the President of the United States</u>, <u>Donald Trump</u>, addressed the nation last night, there were violent demon-strations in the streets of Washington.

⑥ While <u>Donald Trump</u>, <u>the President of the United States</u>, addressed the nation last night, there were…

B 요소는 통상적으로 두 개의 (,)로 묶인다.
하지만 ⑦a처럼 (,)로 묶여 있지 않는 경우도 있다.

⑦ a. My sister Mary just called.
　　b. My sister, Mary, just called.

⑦의 a와 b의 차이는 무엇일까? 다음을 참고로 해보자.

⑧ a. My sister who lives in Atlanta has just called.
　　b. My sister living in Atlanta has just called.
　　c. My sister, who lives in Atlanta, has just called.

⑧의 a, b는 Atlanta에 사는 누이에 관한 이야기이다. 필자에게는 Atlanta가 아닌 다른 곳에서 살고 있는 누이가 하나는 더 있을 수 있는 것이다. 즉, a의 who lives in Atlanta와 b의 living in Atlanta는 my sister를 제한해서 가리키는 기능을 갖는다. 반면에 비제한절이 쓰인 c의 경우, 필자에게는 누이가 한 명이다. 하나 있는 누이가 Atlanta에 사는 것이다.

comma로 묶이지 않은 ⑦a의 Mary는 ⑧a의 who lives in Atlanta와 ⑧b의 living in Atlanta처럼 My sister를 제한하는 기능을 갖는다. 반면에 ⑦b의 Mary는 비제한적이다. ⑦a의 경우 나에게는 Mary 말고도 누이가 하나는 더 있을 수 있고 b의 경우는 나에게 누이는 하나인데 그 누이 이름이 Mary이다.

①과는 형식이 다르지만, 흔히 쓰이는 동격구문에는 ⑨도 있다.

⑨ Their suggestion **that** we should buy another car didn't
　　please my wife.
　　(차를 한 대 사라는 그들의 제안이 아내한테는 달갑지 않았다.)

⑨는 다음 ⑩과 구조가 비슷해 보인다. 하지만 ⑩에서 that절은 관계절이고 that은 관계대명사이다. 반면에 ⑨에서 B 요소는 A 요소의 내용

을 설명하고 있을 뿐으로, that절은 동격절이고 that은 접속사이다.

⑩ The suggestion **that** he made was worthless.
(그가 제시한 제안은 일고의 가치가 없다.)

⑨와 ⑩처럼 서로 대조가 되는 that절의 예를 추가해보자.

⑪ They didn't believe the rumour/story/news **that he had murdered someone.** (동격절)
⑫ They didn't believe the rumour/story/news **that went about.**
(관계절)

17.7 who와 수

다음은 Agatha Christie로부터의 인용이다.

① 'Now just tell me about the last time you saw your father-in-law — Mr Lee — alive.'
'Oh that! That was this afternoon. It was dreadful!'
Johnson said quickly.
'Dreadful? Why?'
'They were so angry!'
'Who _____ angry?'
'Oh, all of them···'

Agatha Christie, *Mr. Poirot's Christmas*

위에 나오는 Who _____ angry?의 빈칸에는 *was*가 알맞을까, *were*가
알맞을까?
앞뒤의 문맥으로 보아 (그들이 모두 화를 내고) 있었을 터이니 *were*가

알맞아 보이지만, 이런 경우 영어에서는 단수형인 was가 쓰인다.
다음 ②~③에서도 마찬가지다.

② A: I've invited several friends of mine to the party.
   B: Oh, yeah. Who **is** coming?
   A: Phil, Luch and Sharena are coming.
③ A: The party was hilarious.
   B: Who **was** at the party?

말할 것 없이 Who are you?나 Who are they?에서는 you와 they가
주어이지 who가 주어는 아니다.

④ A: Who **are** your closest friends?
   B: My closest friends are Phil, Luch and Sharena.

④의 A에 나오는 who는 주어이다. 그런데 ①~③과 달리 who 다음
에 복수 동사인 are가 쓰이고 있다. 질문의 답으로 두 사람 이상이 보
어가 되는 문맥에서는 술어동사로 복수형을 취하는 것이다.

Exercises
해답

Chapter 1

1.

	B	C	D	E			B	C	D	E
beg	+	−	+	+	cause		−	−	+	−
endure	+	+	−	−	force		−	−	+	−
remind	−	−	+	−	request		−	−	+	+
threaten	+	−	−	+	trouble		+	−	+	−
warn	−	−	+	+	warrant		−	+[1]	−	+

1) 대부분의 영영사전에는 warrant가 동사형 E(V + that…)만을 만드는 것으로 기술이 되어 있는데, *OALD*(2000)에는 warrant가 VN−ing(V + (대)명사 + 동명사)의 동사형을 만들며, V−ing(V + 동명사)도 가능하다는 기술이 나와 있다.

2.

	A	B	C			A	B	C
admit	___	___	✔	convince		___	✔	___
mention	___	___	✔	explain		___	___	✔
insist	✔	___	___	notify		___	✔	✔[2]
order	✔	___	___	persuade		___	✔	___
suggest	___	___	✔	tell		___	✔	___

2) notify는 보통 간접목적어를 수반함으로써 동사형 B를 만든다. 영영사전에도 그렇게 표시가 되어있다. 그런데 Qurk *et al.*(1985: 1213)에는 notify가 주로 동사형 B를 만들지만 C도 가능하다는 기술이 보인다.

Chapter 2

1. 예전에는 여러 동사나 형용사가 구문상의 차이를 보이는 것은 그저 개별 동사나 형용사가 그런 특성을 가지고 있기 때문으로 해석이 되어왔다. 그런데 이 구문상의 차이를 동사나 형용사가 내재적으로 지니는 의미상의 특성으로 설명하려 한 것이 사실동사이다.

2. (1) O   (2) X   (3) O   (4) X
3. (1) A   (2) P   (3) P   (4) A
4. (1) O   (2) X

Chapter 3

1.
(1) C   (2) A   (3) A   (4) D   (5) B   (6) C   (7) A
(8) D   (9) B   (10) B   (11) C   (12) A   (13) C   (14) C
(15) B

2. persuade는 함의동사가 아니다.
I persuaded him to come with me는 he came with me를 함의하지만 I did not persuade him to come with me가 he did not come with me를 함의하지는 않는 것이다. persuade 외 특성이 같은 동사에 force가 있다.

Chapter 4

1. (1) bound   (2) bade   (3) laid   (4) wound
(5) wounded   (6) founded   (7) bore   (8) stole
(9) stricken   (10) lain

Chapter 5

1. (1) respectful   (2) delightful   (3) regrettable
(4) 'Irresistible'   (5) amazing   (6) upset
(7) impressed   (8) pleasant   (9) bewildered   (10) thankful

Chapter 6

1.

(1) advice:

　불가산명사. 부정관사를 부가할 수 없고, 복수형을 만들지 않는다.

(2) fruit

1. 부정관사와 함께 쓰이거나 복수형으로 쓰이는 fruit는 과일의 종류를 나타낸다.

　Is a tomato **a fruit** or a vegetable?

　The country exports tropical **fruits.**

2. '과일'을 집합적으로 나타내는 fruit는 단수형으로만 쓰이고 복수형을 만들지 않는다. 이와 같은 용법의 fruit는 의미상으로는 furniture나 equipment처럼 집합명사에 가깝고, 문법상의 특성을 고려한다면 물질명사에 가깝다.

　Bananas, apples, and oranges are all **fruit**.

　Fruit is eaten either raw or cooked.

(3) time:

1. '시간'을 뜻하는 time은 추상명사로, 부정관사를 붙이지 않고, 복수형으로도 쓰이지 않는다.

2. long, short 등의 형용사와 함께 쓰일 때는 '(시간의) 길이, 동안(= period)'을 나타내며 부정관사가 붙는다.

　a long **time**

3. 한 '동안/기간'을 '특정한 경험', '사건' 등과 관련시켜 나타낼 때는 단·

복수가 다 쓰인다.

have **a good time**

1930s were **hard times** for many people.

4. 역사상의 한 기간을 나타낼 때도 단수형과 복수형이 다 쓰인다.

in ancient **times**

in Queen Victoria's **time**

5. 시간을 물을 때는 정관사 + time이 쓰인다.

What's **the time**?(= What time is it?)

(4) enemy:

1. '(개별적인) 적, 적병'을 뜻하는 enemy는 보통명사로, 부정관사 an과 함께 쓰이거나 복수형을 만든다.

His arrogance made him many **enemies**.

2. the + enemy는 '(집합적인) 적군'을 뜻하기도 하고 '적국(country)'을 뜻하기도 한다. the enemy는 흔히 단수동사와 함께 쓰이지만, 영국영어에서는 복수동사를 수반하기도 한다.

The enemy was/were defeated.

(5) age:

1 '나이'를 나타내는 age는 불가산 명사로 쓰인다. 다만 '모든 연령층'에서와 같이 나이가 복수의 개념을 나타낼 때는 복수형이 쓰인다.

The movie is designed to appeal to people of **all ages**.

2. '성년'을 뜻하는 age도 불가산명사이다.

come of **age** (성년이 되다)

3. 관용적으로 쓰이는 ages는 a long time이란 뜻을 나타낸다.

I haven't seen you for **ages**.

4. '석기시대', '중세' 등 (장기간을 전제로 하는) 시대를 나타내는 age는 정관사와 함께 쓰이고 흔히 대문자로 시작한다.

the Stone Age, the Middle Ages

Chapter 7

1. (2), (3), (4)

frank는 I am _____ that…의 구문을 만들지 않는다.

general은 It is _____ that…의 구문을 만들지 않는다.

(4)는 (a)와 (b)의 의미가 크게 다르다.

2. (1) A. It is understandable that they are upset.

　　 B. It is understandable for them to be upset.

(2) A. It was fortunate that no one was injured.

　　fortunate는 다음 구문 (a)를 만들지만 (b)는 만들지 않는다.

　　 a. She was fortunate to escape without injury.

　　 b.*It was fortunate for her to escape without injury.

(3) A. It is supposed that the process causes no environmental damage.

(4) C. I am hopeful that things will get better soon.

Chapter 8

1. (1) (a)는 We did not find the lost key until this morning의 도치 구문

　　(오늘 아침까지 우리는 잃어버렸던 열쇠를 찾지 못했다.)

　　(b)의 not은 we found the lost key에 걸리지 않는다. (우리는 오래 가지 않아서 잃어버렸던 열쇠를 찾았다.)

(2) (a): (도치구문) 아무 이유도 없이 그는 집에 머물러있기를 원하지 않았다.

　　(b): 아무 이유 없이 그는 집에만 머물러 있고 싶어 했다.

2. (1) 본문 참조 ⟹ 8.1, 8.4, 8.4.2

(2) 본문 참조 ⟹ 8.4, 8.5

(3) 본문 참조 ⟹ 8.6, 8.7

Chapter 9

1. (2), (4)

(2) b는 문법상 맞지 않는 문장.

(4)의 경우, (a)와 (b)는 의미가 다르다.

(b)는 '그녀가 눈앞에서 울고 있었다'는 뜻을 나타내지만, (a)는 '그녀의 얼굴 모습 등을 보고 그녀가 그때까지 울고 있었다는 것을 알았다' 라는 뜻이지, '그녀가 눈앞에서 울고 있었다'란 뜻은 아니다.

Chapter 10

1. 본문 참조 (⟹ 10.1)

2. (1) As he was persuaded by our optimism, ⋯

(2) So that we could climb the rock face, ⋯

(3) If it is kept in the refrigerator, ⋯

(4) Because they were considered works of art, ...

Chapter 11

1. (1) O　(2) O　　(3) X　　(4) O

2. (1) O　(2) O　　(3) X　　(4) O

3. (1) (a) O　　(b) X　　(c) O　　(d) X　　(e) O

(2) (a) O　　(b) X　　(c) O　　(d) O

(3) (a) O　　(b) X　　(c) X　　(d) X

4. (1) 앞에 나온 문장을 대신한다.

(2) 앞에 나온 문장을 대신한다. (⟹ 11.5.2 (3.A))

(3) 앞에 나온 문장의 술부(= dominated by machines)를 대신한다.

(4) do와 함께 앞에 나온 문장의 to 부정사구(= to volunteer)를 대신한다.

5. (1) c   (2) a   (3) d   (4) b

6. Life is short(,) and art is long.

Life is short(,) but art is long.

Life is short, (and) yet art is long.

(Al)though life is short, art is long.

While life is short, art is long.

Art is long, although life is short.

Life is short, however, art is long.

Even though life is short, art is long.

Chapter 12

1. (1) not aware

(2) In spite of

(3) after that

(4) can be obtained

(5) did not apologize for being late.

(6) but it

(7) runs

(8) cannot be comprehended by

(9) try to do our part, to

(10) nothing to do

Chapter 13

(1) 본문 참조 (⟹ 13.3)   (2) 본문 참조 (⟹ 13.1; 13.9.2)

참고문헌

Biber. D., S. Johansson., G. Leech., S. Conrad., E. Finegan. 1999. *Longman Grammar of Spoken and Written English*. London: Longman.

Bolinger, D. L. 1977. *Meaning and Form*. London: Longman.

Carter, R. and M. McCarthy. 2006. *Cambridge Grammar of English*. Cambridge: Cambridge University Press.

Curme, G. O. 1947. *Principles and Practice of English Grammar*. New York: Barnes & Noble.

Declerck. R. 1991. *A Comprehensive Descriptive Grammar of English*. Tokyo: Kaitakusha.

Fillmore, C. 1966, "Towards a Modern Theory of Case", *Project on Linguistic Analysis*, XIII. 1−14.

_____. 1968, "The Case for Case" in *Universals in Linguistic Theory*. Bach. E and R. T. Harms (eds.). 1−88. New York: Holt, Rinehart & Winston.

Fries, C. 1952. *The Structure of English*. London: Longman.

Givon, T. 1993. *English Grammar, A Function−based Introduction*. Amsterdam/Philadelphia: John Benjamin Publishing Co.

Gleason, H. A. 1965. *Linguistics and English Grammar*. New York: Holt, Rinehart and Winston.

Greenbaum, S. 1969. *Studies in English Adverbial Usage*. London: Longman.

Halliday, M. A. K. and R. Hasan. 1976. *Cohesion in English*. London: Longman.

Jespersen, O. 1933, 1956. *Essentials of English Grammar*. London: George Allen & Unwin.

Nesfield, J. C. 1912, 1965. *Modern English Grammar*. London: Macmillan.

Nilsen Don L. F. 1973. *The Instrumental Case in English*. The Hague: Mouton.

Karttunen, L. 1971. "Imperative Verb". *Language* 47. pp. 340−58.

Kiparsky, P. and C. Kiparsky, 1970. "Fact" in *Progress in Linguistics*, Bjerwisch. M and K. E. Heidolph (eds.). (1970: 141−173). The Hague: Mouton.

Leech, G and J. Svartvik. 1975. *A Communicative Grammar of English*, London: Longman.

Lyons, J. 1971. *Introduction to Theoretical Linguistics*. Cambridge: Cambridge University Press.

MaCarthy M. 2009. *Discourse Analysis for Language Teachers*. Cambridge: Cambridge University Press.

Ohashi, Y. 1978. *English Style*. Rowley: Newbury House.and Kegan Paul.

Onions, C. T. 1904, 1969. *An Advanced English Syntax*. London: Routledge.

Quirk, R., S. Greenbaum, G. Leech and J. Svartvik. 1985. *A Comprehensive Grammar of the English Language*. London: Longman.

Roberts, P. 1954. *Understanding Grammar*. New York: Harper and Brothers.

Swan, M. 1997. *Practical English Usage* (new edition). Oxford: Oxford University Press.

Zandvoort, E. W. 1957. *A Handbook of English Grammar*. Croningen: Wolters−Noordhoff.

문용, 1917. 고급영문법해설. 박영사

사전

Oxford Advanced Learner's Dictionary. 2000. Oxford: Oxford University Press

Longman Dictionary of Contemporary English. 2016. London:

Longman.

Merriam—Webster's Advanced Learner's English Dictionary. 2008. Massachusetts: Merriam-Webster, Inc.

Macmillan English Dictionary for Advanced Learners of American English. 2002. Oxford: Macmillan Education.

Collins Cobuild English Language Dictionary. 1987. London and Glasgow: Collins.

기타

Close, R. A. 1976. *Workbook.* London: Longman

문법사항 색인

어구색인

저자 약력

문 용

서울대 문리대 영문과 졸업
미국 인디애나 대학원 언어학과(M.A.)
영국 에딘버러 대학원에서 응용언어학 연구
현재 서울대학교 사범대학 영어과 명예교수

저 서

「한국어의 발상 영어의 발상」(서울대학교 출판문화원, 2015)
「고급 영문법 해설」(박영사, 2017)
기타 논문 다수

영문법특강

초판발행	2019년 10월 15일
중판발행	2023년 7월 5일
지은이	문 용
펴낸이	안종만·안상준
편 집	전채린
기획/마케팅	조성호
표지디자인	이미연
제 작	고철민·조영환
펴낸곳	(주) **박영사**
	서울특별시 금천구 가산디지털2로 53, 210호
	(가산동, 한라시그마밸리)
	등록 1959. 3. 11. 제300-1959-1호(倫)
전 화	02)733-6771
f a x	02)736-4818
e-mail	pys@pybook.co.kr
homepage	www.pybook.co.kr
ISBN	979-11-303-0794-7 03740

copyright©문 용, 2019, Printed in Korea

정 가   19,000원